AF376535

Heidetraud Zierl

Politische Gefangene in der DDR

Von der Stasi kriminalisiert

Copyright: © 2014 Heidetraud Zierl

Lektorat, Umschlag & Satz: www.buchlektorat.net

Verlag: tredition GmbH, Hamburg
Printed in Germany

Das Werk, einschließlich seiner Teile, ist urheberrechtlich geschützt. Jede Verwertung ist ohne Zustimmung des Verlages und des Autors unzulässig. Dies gilt insbesondere für die elektronische oder sonstige Vervielfältigung, Übersetzung, Verbreitung und öffentliche Zugänglichmachung.

Bibliografische Information der Deutschen Nationalbibliothek: Die Deutsche Nationalbibliothek verzeichnet diese Publikation in der Deutschen Nationalbibliografie; detaillierte bibliografische Daten sind im Internet über http://dnb.d-nb.de abrufbar.

Wer im Gedächtnis seiner Lieben lebt,
der ist nicht tot,
er ist nur fern.
Tot ist nur, wer vergessen wird.

Vorwort

Nach über 30 Jahren Überlebenskampf in Ost und West ist Heidetraud Zierl heute in der Lage, über ihre schlimmen Erlebnisse, insbesondere im DDR-Zuchthaus Hoheneck, zu berichten.

Dieses Buch soll kein Rachefeldzug sein, sondern dient in erster Linie als Mahnung dazu, dass sich solche Grausamkeiten niemals wiederholen dürfen. Leider leben die Kerkermeister von damals auch heute noch unbehelligt unter uns. Daher muss der Kampf gegen Vergessen, Unterdrückung und Folter noch weitergehen!

Kindheit

Ich wurde 1948 in der DDR als jüngstes Kind geboren. Meine Jugend war sehr bescheiden, denn meine Eltern waren CSSR-Flüchtlinge. Ich sollte eigentlich ein Junge sein, war sehr wild und kein Baum oder Strauch waren vor mir sicher. Ich hatte zwei Geschwister – einen Bruder und eine Schwester. Meine Eltern waren sehr arm, sie schufteten, um ein Grundstück zu bearbeiten. Sie waren die besten Eltern – Vorzeige-Eltern.

Familie Zierl mit Töchtern Heidetraud (vorne) und Anneliese

Ich bin gut behütet, mit Pferden und vielen Tieren aufgewachsen, aber auch mit viel Arbeit am Wochenende: Garten, Kleinholz machen, Kohle in den Keller schaufeln ... Die Tiere musste ich täglich noch vor der Schule versorgen. Geschlachtet haben wir auch und im Winter wurden Gänsedaunen gesammelt, für die Betten.

Die ausgelassene Kindheit mit den Tieren und der vielen Arbeit war trotz der Armut großartig und ich hatte viel Spaß. Ich habe auch wilde Katzen in der Scheune meiner Eltern aufgezogen.

Ich hatte erfahren, dass mein Bruder im Westen sei, aber wusste noch nicht, was *Freiheit* und *Stacheldraht* waren. Wenn ich geahnt hätte, was mir Unmenschliches widerfahren würde, wäre ich schon damals zu meinem Bruder in den Westen geflüchtet. Schläge und Tritte in Bauch, Kopf und Rücken, das hätte ich in meinem Elternhaus nie erfahren – außer vielleicht mal einen Klaps auf den Po, weil ich fast ins Eis an der Leine eingebrochen wäre. Meine Eltern hatten nämlich Angst gehabt, dass ich ertrinken würde – mein Bruder hatte mir aus dem Western Schlittschuhe geschickt. Das war etwas ganz Besonderes.

Er hatte es sehr schwer. Mit 18 Jahren ist er in den Westen geflohen und hat dabei Erfolg gehabt. Er bekam in Bielefeld in einer Fabrik eine gut bezahlte Arbeit und konnte uns daher alle vier Wochen ein Paket mit Kakao, Butter, Kaffee oder Ähnlichem schicken. Die Pakete kamen zerfleddert und kaputt an, alles zerrissen. Da wollte ich schon als Kind zu meinem Bruder. Er war bereit mich mitzunehmen, mich über die Grenze zu schmuggeln – versteckt in seinem Auto, aber …

Ich hätte gerne eine Ausbildung als Schauspielerin gehabt, aber meine Eltern ließen das nicht zu. Onkel Otto wollte mich auch haben. Er war Makler, aber meine Mutter gab mich nicht her. Ich bin im Waisenhaus bei den Nonnen in den Kindergarten gegangen und habe die Grundschule mit einem guten Abschluss absolviert, bin allgemein streng katholisch aufgewachsen, habe die Kommunion bekommen – die Jugendweihe nicht, die habe ich abgelehnt.

So fing alles an. Zu den Pionieren bin ich auch nicht gegangen. Ich habe am Ferienlager nicht teilgenommen und deshalb musste ich *Appell* machen, das war sehr streng. Mit Gruß, Hände hoch, sozialistischer Moral und Anstand. Einmal habe ich mich lächerlich gemacht, weil ich die Fahne an der Stange nicht hochbekam. Da hat man mir eine Strafe aufgebrummt – Kloputzen.

Als junges Mädchen hatte ich keine Erfahrung, weder in der Liebe noch in der Politik – mit nichts. Ich war so naiv, so unschuldig, ich glaubte nie an Böses, nur an das Gute. Meine Eltern haben mich so erzogen. Sie und mein Bruder waren meine Vorbilder. Meine Schwester hingegen war sehr gehässig und schuld an so manchem Elend.

Obwohl wir sehr arm waren und es ständig an Geld fehlte, haben meine Eltern aus dem Nichts einen bescheidenen Grundbesitz aufgebaut. Diese insgesamt heile Welt prägte meine Kindheit.

Als ich neun Jahre alt war wurde meine Mutter schwer krank. Ich musste nun den Haushalt versorgen, also die Rolle meiner Mutter übernehmen. Mein Vater war nicht zu Hause und musste als Berufskraftfahrer seinen Dienst leisten. So wurde ich frühzeitig selbstständig; das kam mir in späteren Jahren zugute.

Jugend in der DDR

Trotz der familiären Probleme war ich in der Schule sehr aufgeweckt. Meine schulischen Leistungen waren mehr als zufriedenstellend. Schon damals war ich als Klassensprecherin sehr aktiv und setzte mich für das *Klassenkollektiv* ein. Mein schauspielerisches Talent erhielt eine erste Bewährungsprobe, als ich in verschiedenen Märchen wie zum Beispiel *Schneewittchen, Der Wolf und die sieben Geißlein* und als Weihnachtsengel auftreten durfte. Also eine *Karriere* ohne Ecken und Kanten.

Aber die ersten Dissonanzen waren unverkennbar: katholisch erzogen, keine Jugendweihe, keine *jungen Pioniere*, kein Ferienlager. Also schon jetzt ein *kleiner Außenseiter*, zumal es sich bald herumsprach, dass mein Bruder Franz mit 18 Jahren in den Westen geflohen war. Da begann bereits die *Sippenhaft*.

Schon in der Grundschule wurde ich eingeschüchtert. Ob ich Westkontakte zu meinem Bruder hätte, ob ich Pakete aus dem Westen erhalte … Mit solchen Fragen musste ich mich als kleines Mädchen von zehn Jahren auseinandersetzen, als der Direktor der Schule mich wiederholt zu einem persönlichen Gespräch in seinem Büro empfing.

Ansonsten war das Verhalten der Lehrerschaft als differenziert anzusehen. Nur zwei Lehrer mit SED-Abzeichen taten sich als Scharfmacher hervor, während die übrigen Lehrer eher gleichgültig waren.

In *Staatsbürgerkunde* bekam ich als Erstes die Repressalien zu spüren. Im Unterricht wurde gegen den *kriegslüsternen Westen* gehetzt. In meiner damals naiven Art versuchte ich dagegen zu steuern, denn durch meinen Bruder hatte ich vom Westen ein völlig anderes Bild erhalten. Also war ich in der Klasse die Einzige, die vor versammelter Mannschaft den Westen tapfer verteidigte – mit dem Ergebnis, das mich die Lehrer vor der ganzen Klasse bloßstellten. Ich würde *gemeinsame Sache mit dem Klassenfeind* machen. Ein Schüler, der Sohn von einem Major, schrie mich als *Kapitalistin* an. Da konnte ich nicht mehr. Ich fing an zu weinen. Daraufhin haben mich alle Schüler ausgelacht und mir den *Stinkefinger* gezeigt.

Beim nächsten Morgenappell war mir dann alles egal. Bei der *Becherhymne*, der DDR-Hymne, wurde bei mir aus *Deutschland, einig Vaterland* stattdessen *Deutschland, einig Scheißland*, was ich mit voller Inbrunst gesungen habe. Danach durfte ich als *Erziehungsmaßname*, alleine in der Aula, eine Stunde lang zur Besinnung kommen.

Unter den Schülern gab es eine Zweiklassengesellschaft: Schüler mit Westkontakten konnten ihre neuesten Errungenschaften aus den Westpaketen präsentieren, während die übrigen Schüler leer ausgingen. Das sorgte natürlich für Neid und Missgunst, was ich als *Westlerin* zu spüren bekam. So wurde einmal meine neue *Westjacke* gleich so richtig in Empfang genommen, indem sie zerrissen wurde. Auch in den Pausen ging der Kampf unter uns Schülern weiter. Dabei hatte der Majorssohn mich ganz besonders auf dem Kieker. Er zerrte mich ständig an den Haaren, wobei die Lehrer untätig danebenstanden. Lediglich einmal ging ein Sportlehrer dazwischen.

Mit 14 Jahren wurde der Druck immer größer; denn die FDJ wartete auf uns. Dem konnte ich mich nicht entziehen. Aber immerhin durfte ich bei einem Fanfarenzug mitspielen, was mir dann doch Spaß gemacht hat. Außerdem sollte ich bei einem Kabarett mitwirken, da man meine schauspielerischen Talente wohl erkannt hatte.

Der FDJ-Auftrag war klar und eindeutig: Kriegsverbrecher im Westen, Friedenswächter im Osten. Ich musste nun den *Friedenswächter* spielen, der den Westen schlecht machen sollte. Meine Reaktion war totale Ablehnung: „So etwas kann ich nicht spielen". Doch man ging gnädig mit mir um. Als Gegenstück sollte ich eine Erzieherin spielen, um einigen (unbelehrbaren) Leuten das sozialistische Bewusstsein beizubringen. Daraufhin sagte ich ganz keck: „Ich möchte einen Fluchthelfer spielen, der DDR-Bürger in den Westen schleust!" Das brachte nun das Fass zum Überlaufen. Ich wurde zum Rapport zum FDJ-Leiter gebracht. Seine Anschuldigung lautete, ich würde die *kalten Krieger in der BRD* fördern. Aber das war noch nicht alles! Ich wurde eine Woche lang von der Schule verwiesen. In dieser Zeit sollte ich einen Aufsatz über *die positiven Errungenschaften in der DDR* schreiben. In Absprache mit meinen Eltern habe ich dann die *positiven Errungenschaften* der DDR angepriesen, vergaß dabei aber nicht, dass man sich dabei anzupassen habe.

Nach diesen Ereignissen blieb es nicht aus, dass sich meine Schulnoten immer weiter verschlechterten. Insbesondere in Geschichte und Erdkunde konnte ich es nicht lassen und habe die mangelnde Freiheit thematisiert.

Trotz aller Widerstände habe ich meinen Abschluss in der zehnten Klasse geschafft.

Die glücklichen Jahre

Nach meiner Schulzeit begannen eigentlich *die glücklichen Jahre* in der DDR. Ich habe mich gleich um eine Aufnahmeprüfung für die Schauspielschule in Babelsberg beworben. Da war ich gerade einmal 16 Jahre alt. Von zwölf ausgewählten Schülern bestanden nur sieben die Aufnahmeprüfung. Diese setzte sich aus Tanz, Mimik und Rollenspiel zusammen. Ich gehörte zu den Glücklichen! Für die weitere Schauspielkarriere war jedoch eine zusätzliche Berufsausbildung Voraussetzung. So musste ich erst einmal den Beruf der *Säuglingsschwester mit Hauswirtschaft* ergreifen.
Während meiner Ausbildung sollte ich die Parteischule der SED in Erfurt besuchen, wozu es nicht gekommen ist, weil ich mich dagegen sträubte. Diese Parteischule wäre auch für mein Weiterkommen als Schauspielschülerin sehr wichtig gewesen. Meine Eltern waren von meiner Entscheidung nicht gerade begeistert, fürchteten sie doch um meine Karriere. Trotzdem konnte ich die Schauspielschule in Babelsberg besuchen. Mein schauspielerisches Talent hatte wohl doch dazu beigetragen, dass sie mich auch ohne Weihen der Partei genommen haben. Das habe ich auch meinem Vater zu verdanken, der sich als *Aktivist der ersten Stunde* und als *Verdienter Arbeiter des Volkes* sehr für mich einsetzte.

Nach einem Jahr Schauspielschule wurde der Druck immer größer, doch zur SED-Schule zu gehen. Auch jetzt lehnte ich ab. Das war das Ende meiner Schauspielkarriere. Gleichzeitig wurde ich während meiner Zusatzausbildung als Bekleidungsnäherin wegen meiner schlanken Beine als Strumpfmodell entdeckt. Mein Bekanntheitsgrad wurde dadurch enorm gesteigert, denn auf vielen Litfaßsäulen in der DDR war ich als Strumpfmodell abgebildet. Die Freude darüber war natürlich auf der einen Seite groß. Jedoch gab es auf der anderen Seite auch viele Neider und Tugendwächter in der damals sehr prüden DDR. So wurde ich zum *Rat des Kreises* in Heiligenstadt zitiert. Angriffspunkte waren meine *freizügigen Beinchen*, die von den SED-Genossen in die Mangel genommen wurden. Werbung ja, aber ohne Beinfreiheit, s das Credo der Genossen.

Durch diese Querelen wurde ein Fotograf (Werner Selbe von Rhoden) auf mich aufmerksam. Er lud mich zum Foto-Shooting in sein Atelier in Heiligenstadt ein. Die Bilder wurden in DDR-Zeitschriften und sogar in westlichen Magazinen veröffentlicht.

Heidetraud Zierl als Fotomodell mit 17 Jahren

Parallel zur Schauspielkarriere nahm ich an Wettbewerben wie *Junge Talente* teil. Ich betätigte mich hauptsächlich als systemkritische Schauspielerin, wobei der DDR-Alltag in selbst verfassten Stücken kritisch unter die Lupe genommen wurde. Dabei wurde insbesondere die mangelnde Freiheit thematisiert. Außerdem interessierte ich mich für Rockmusik westlicher Prägung. Elvis Presley und Peter Maffay waren damals meine Idole. So blieb es auch nicht aus, dass meine *rockige Stimme* entdeckt wurde. Ich durfte als Solo-Sängerin in einer Schulband auftreten, die neben Klassikern der Beatles oder Stones auch eigene Stücke präsentierte. Dabei standen Themen wie Freiheit, Mauerbau und der DDR-Alltag im Vordergrund. Wir waren relativ erfolgreich, denn unsere Songs kamen bei den jungen Leuten gut an, sodass wir rasch über die Grenzen Heiligenstadts bekannt wurden:

Aber die Stasi war auf der Hut. So waren wir gezwungen, häufig in den *Untergrund* zu gehen und vor einem *ausgewählten Publikum* in Kellern und Abrisshäusern zu spielen.

Doch es kam, wie es kommen musste: Es ging mit Auftrittsverboten los. Als dann ein Bandmitglied in den Westen geflohen war, wurden wir so richtig in die Zange genommen. Erziehungslager und Haftandrohungen standen im Vordergrund. Wir konnten trotzdem weiterspielen, mussten aber klein beigeben und konnten nur noch systemkonforme Stücke in unser Repertoire aufnehmen. Aber der Schwung war dahin. Es gab Auflösungserscheinungen und Ende der 60er-Jahre war endgültig Schluss.

Mein Freiheitsdrang war jedoch ungebrochen. Ich stellte bereits in den 60er-Jahren zusammen mit meinem Ehemann mehrere Ausreiseanträge, die alle im Papierkorb beim Rat des Kreises Heiligenstadt gelandet sind. Das geschah aber nicht ohne Mitwirkung der Stasi.

Was ist das für ein Leben,
mit Stacheldraht zu leben,
Tote zu beklagen.
Wir sind nur die Gejagten,
um frei zu sein,
unser Leben zu riskieren,
und werden dabei krepieren.
Wir werden weiter kämpfen,
bis zum Öffnen der Grenzen.

Wenn ihr wollt,
dann sperrt uns doch gleich ein.
Wenn ihr wollt,
dann behandelt uns doch wie Schwein.
Wenn ihr wollt,
dann lasst das Schießen sein.
Wenn ihr wollt,
dann reißt die Mauer ein.
Wenn ihr wollt,
dann lasst das Blutvergießen sein.

Die *ruhigen* 70er-Jahre

Anfang der 70er-Jahre herrschte eher ein ambivalentes Verhältnis zwischen den Staatsorganen und mir. Einerseits war ich aufgrund meiner *wilden Jahre* und mehrerer Ausreiseanträge der Stasi ein Dorn im Auge, andererseits wurden meine beruflichen Qualitäten – Fleiß und Ehrgeiz – vor Ort anerkannt. Das blieb der Kaderleitung in der Gastronomie nicht verborgen, sodass ich während der Saison jeweils in das FDGB-Heim *Objekt Fischland* nach Riebnitz-Dammgarten an der Ostsee delegiert wurde.

1971 musste ich kürzertreten, denn durch Heirat und Geburt meines Sohnes René änderte sich mein Leben gravierend. Nach sechs Wochen Babypause waren die Mütter in der DDR verpflichtet, sofort wieder einer Arbeit nachzugehen. Der graue Alltag in einer engen Genossenschafswohnung begann: häufige Schichtarbeit für beide Elternteile, Hausarbeit, Kindererziehung. Das war unter anderem auch ein Nährboden für meine wachsende Unzufriedenheit, zumal sich mit der Geburt meines Sohnes André 1976 weiterer Nachwuchs einstellte.

Trotz dieser Strapazen ging es beruflich weiterhin bergauf. Mein Engagement in der Gastronomie fand allgemeine Anerkennung, sodass ich Ende der 70er-Jahre als *Gastronom für Lehrlingsausbildung* eingesetzt wurde.

Hochzeit 1971

Sohn René als kleiner Matrose

Das Netzwerk der Stasi

Als Ausbilderin bin ich von der Stasi naturgemäß wieder stärker ins Visier genommen worden. Das zeigte sich daran, dass ich häufiger zum SED-Parteisekretär zitiert wurde. Solche Sitzungen dauerten in der Regel ein bis zwei Stunden. Angriffspunkte waren meine Westkontakte mit entsprechenden Westpaketen und meine Ausreiseanträge. – „Wozu Westpakete, in der DDR gibt es genug zu essen! Was wollen Sie im Westen, wo unsoziale Zustände, Ausbeutertum und purer Kapitalismus vorherrschen?" – Stattdessen versuchte der Parteisekretär mich von den Vorzügen des Sozialismus (keine Arbeitslosigkeit, kein Ausbeutertum, solidarisches Handeln der internationalen Arbeiterklasse etc.) zu überzeugen. Meine Ausreiseanträge wurden zunächst als *Rowdytum* und *Abenteuerlust* abgetan.
Später wurde der Parteisekretär deutlicher und drohte mir eine Haftstrafe an, wenn ich so weiter machen würde. Dann ging er noch einen Schritt weiter: „Wenn es gar nicht anders geht, müssen wir ihnen die Kinder wegnehmen und in einem Heim unterbringen. Da sind sie bestimmt besser aufgehoben!" Da hatte ich starke Ängste, dass sie mich sofort festnehmen würden. Aber der SED-Sekretär war *human* und gab mir Zeit, *noch einmal alles zu überdenken.*

Aber ich ließ nicht locker. Nach weiteren Ausreiseanträgen wurden mein Mann und ich direkt ins Stasi-Gebäude in Heiligenstadt beordert. Drei Stasi-Mitarbeiter, die Genossen Prestritz, Petersen und Schubert, nahmen uns in Empfang. Die Vernehmung begann nach klassischer Manier. Jeder von uns wurde einzeln verhört. Während der SED-Sekretär noch versucht hatte uns auf humane Art von den Vorzügen des Sozialismus zu überzeugen, gingen diese drei Herren wesentlich rabiater zur Sache. Ich hätte meinen Mann dazu verführt, einen Ausreiseantrag zu stellen: „Wenn Sie so weitermachen, wird das alles böse enden." Auch sollte man sich vom Ehepartner trennen und nicht so einfach den Ausreiseantrag solidarisch unterstützen. Das war hauptsächlich gegen meinen Mann gerichtet, der vorher nicht unangenehm bei der Stasi aufgefallen war. In den getrennten Verhören hatte mein Mann zumindest eingeräumt, *seine Frau vergeblich von den Ausreisebemühungen abgehalten zu haben.*

Nach mehr als fünf Stunden Stasi-Verhör wurden mein Mann und ich entlassen. Mehrmals hatten die Stasi-Vernehmer dabei versucht, unsere Ausreiseanträge rückgängig zu machen: „Eine Unterschrift genügt, denken sie an ihre Kinder"! Ich blieb die Standhaftere, während mein Mann von den Stasi-Leuten eher *weichgeklopft* worden war. Aber er hielt trotzdem zu mir!

Als meine Cousine zusammen mit ihrem Ehemann im Mai 1979 über die CSSR flüchten konnte, kam ich in den Verdacht der Mitwisserschaft und wurde bis Juni 1979 für zwei Monate in Erfurt in Untersuchungshaft genommen. Im Vergleich zu meiner späteren U-Haft ging die Behandlung – außer endlosen Verhören – relativ human vonstatten.

Dann passierte um die Weihnachtszeit 1979 etwas Furchtbares, wodurch ich dann mit meinen beiden kleinen Kindern völlig allein da stand. Unter mysteriösen Umständen (die bis heute nicht geklärt sind) kam mein Mann während der Arbeit bei der Reichsbahn ums Leben. Das wurde dann als *tragischer Unfall* dargestellt. Über Nacht war mein Leben dem Ende nahe. Nur meine Eltern und die Kinder hielten mich aufrecht. Den einzigen Ausweg sah ich weiterhin darin, Ausreiseanträge zu stellen, um zu meinem Bruder nach Bielefeld übersiedeln zu können. Dadurch wurde das Netz der Stasi um mich immer enger. Man schreckte auch nicht davor zurück, meine Kinder mit ins Spiel zu bringen. So wurden mir sexuelle Verfehlungen an meinen Kindern zur Last gelegt. Nun fand man endlich einen triftigen Haftgrund, neben weiteren fadenscheinigen Anschuldigungen.

Auf diese Art und Weise wollte man wohl eine Trennung von meinen Kindern erreichen. Erst nach der Wende war ich in der Lage, einige Frauen in Heiligenstadt zur Rede zu stellen, die diese Märchen erfunden hatten. Entschuldigend sagten sie nur: „Wir konnten damals nicht anders und wurden selbst unter Druck gesetzt"!

Drei Monate später wurden diese Anschuldigungen von einem Major Benninghof zwar wieder zurückgenommen, aber der Zweck heiligt bekanntlich die Mittel. Selbst diese Rehabilitierung blieb ohne Folgen. An meiner U-Haft in Erfurt änderte sich gar nichts, da andere Beweisführungsmaßnahmen herangezogen wurden. Schließlich bestand nach Auffassung der DDR-Justiz Wiederholungsgefahr.

BStU

000023

Haftbefehl

Die GILLICH, Heidetraud, geb. am: 21. 9. 1948 in Heiligenstadt,
wh.: Heiligenstadt, Heinrich-Rau-Str. 4

ist in Untersuchungshaft zu nehmen.

    Sie wird beschuldigt, Ende 1980/Anfang 1981 in ihrer Wohnung
in Heiligenstadt das 5jährige Kind ▬▬▬▬▬ ▬▬▬▬▬ zu sexuellen
Handlungen mißbraucht zu haben. Sie soll das Kind aufgefordert
haben, an ihr Geschlechtsteil zu greifen und soll gleiches auch
gegenüber ihrem eigenen Kind André verlangt haben. Weiterhin
soll sie das Geschlechtsteil ihres Sohnes an ihren Mund geführt
haben. Die Aufforderungen der Beschuldigten sollen von beiden
Kindern befolgt worden sein.
Am 3. 9. 1981 soll die Beschuldigte in Heiligenstadt, Heinrich-
Rau-Straße den ▬▬▬▬▬▬▬ der Grenztruppen, ▬▬▬▬▬, mit der Begehung
eines Verbrechens ernsthaft bedroht haben. Unter Bezugnahme
auf ein unlängst in Heiligenstadt verübtes Tötungsverbrechen
soll sie ohne jeglichen Grund dem ▬▬▬▬▬▬▬▬▬▬ angedroht haben,
ihn durch Fußtritte bzw. Stiche mit einem Schraubenzieher zu töten.

Vergehen/Verbrechen gem. §§ 148 (1), 130 StGB

Er/Sie ist dieser Straftat dringend verdächtig.

Die Anordnung der Untersuchungshaft ist gemäß § 122 (1) 3 StPO
gesetzlich begründet, weil sich das Verhalten der Beschuldigten als eine
wiederholte und erhebliche Mißachtung der Strafgesetze darstellt
und deshalb Wiederholungsgefahr gegeben ist.

- Kreisgerichtsdirektor -

Gegen diesen Haftbefehl ist das Rechtsmittel der Beschwerde zulässig (§ 127 StPO).
Sie ist binnen einer Woche nach Verkündung des Haftbefehls bei dem unterzeichneten Gericht zu
Protokoll der Rechtsantragstelle oder schriftlich durch den Betroffenen oder einen in der DDR zu-
gelassenen Rechtsanwalt einzulegen (§§ 305, 306 StPO).

KOPIE

BStU
000341

Erfurt, den 7.12.1981

A k t e n n o t i z

Am heutigen Tage wurde der Beschuldigten

GILLICH, Heidetraud *geb. Ziere*

mitgeteilt, dass das gegen sie laufende Ermittlungsverfahren wegen sexuellem Mißbrauch von Kindern mit Wirkung vom 1.12.1981 gemäß § 141 Abs.1 Ziff. 1 StPO eingestellt wurde, weil die vorliegenden Zeugenaussagen durch andere Beweisführungsmaßnahmen nicht bestätigt wurden, sodaß der festgestellte Sachverhalt keine Straftat ist.

Bennighof
Major

Auch mein Sohn René wurde später in der Schule in Sippenhaft genommen. Noch heute kommen ihm die Tränen, wenn er an die Szene denkt, die sich vor fast 30 Jahren abgespielt hat. Er war gerade einmal zwölf Jahre alt. Ich war noch inhaftiert, da musste er in der Schule Spießruten laufen. Zunächst ist er im Schulkeller vom Schuldirektor *verhört* worden. Dann, von den übrigen Lehrern animiert, kreiste ihn die gesamte Klasse ein, um ihn von allen Seiten kräftig anzuspucken. Kein Lehrer rührte sich, um dem Treiben ein Ende zu bereiten. In der Folge durfte er an größeren Sportveranstaltungen und Schulfeiern zum 1. Mai und 7. Oktober (Gründungstag der DDR) nicht mehr teilnehmen.

Positiv ist zu würdigen, dass mein damaliger Anwalt Moldenhauer den Mut hatte, gleich Beschwerde gegen meinen Haftbefehl einzulegen. Dass er nicht die Möglichkeit hatte, überhaupt Einsicht in den Haftbefehl und in die Haftvernehmung zu nehmen, widerspricht rechtstaatlichen Prinzipien.

Es kam, wie es kommen musste.

Rene´ mit seiner Cousine Sandra

Fritz Moldenhauer

Rechtsanwalt

Bankkonto:
Kreissparkasse Eisenach 4082-30-787

Einschreiben !

Blatt-Nr.

59 Eisenach/Thür., den 17.9.1981

Platz der DSF 8

Fernsprecher 3769

M/Gr.-

K r e i s g e r i c h t
Erfurt - Mitte

5o1 E r f u r t

In der Strafsache
g e g e n
Heidetroud C i l l i c h

     hat mich die Beschuldigte mit ihrer
Verteidigung beauftragt. Vollmacht auf mich überreiche ich
beiliegend.

Namens der Beschuldigten lege ich hiermit gegen den am 11.9.31
erlassenen Haftbefehl

     B e s c h w e r d e

Eine Begründung der Beschwerde kann nicht erfolgen, da der
Staatsanwalt des Bezirkes dem Verteidiger der Beschuldigten
nicht die Möglichkeit einräumte, mit ihr über ihre Strafsache
zu sprechen. Der Unterzeichnete hat am gestrigen Tage sowohl
beim Staatsanwalt des Bezirkes Erfurt, als auch beim Kreisgericht
Erfurt-Mitte vergeblich versucht, Einsicht in den Haftbefehl
und die Haftvernehmung zu nehmen. Er weiß noch nicht einmal,
was der Beschuldigten vorgeworfen wird. Die Beschuldigte hat
vor ihrer Inhaftierung aber ihrem Verteidiger mitgeteilt, daß
sie in Zusammenhang mit einer Straftat des Bürgers Otmar
Müller aus Heiligenstadt zunächst vorläufig festgenommen worden
sei und auch längere Zeit vernommen wurde. Während der Vernehmung
soll sie auch mißhandelt worden sein, weshalb sie auch Anzeige
gegen Unbekannt beim VPKA Heiligenstadt gestellt hat.

Abschrift f. Staatsanwalt des Bezirkes
anbei.

     gez. Moldenhauer
     Rechtsanwalt

U-Haft in Erfurt

Im September 1981 holte man mich um fünf Uhr aus dem Bett.
Meine Kinder wurden mir weggenommen. Der große Sohn
hatte Ferien und lebte bei seinen Großeltern. Ich bat um ein
Verhör. Sie klebten mir den Mund zu, die Augen wurden mir
verbunden und die Hände auf dem Rücken gefesselt. In dieser
demütigende Weise wurde ich in den Lada geladen. Der Kleine
schrie – ich höre es heute noch: „Mama, Mama, wo bleibe
ich?" Ich sagte: „Kinder ich komme wieder. Das ist ein Justiz-
irrtum! "

Auf holprigen Straßen, über das Kopfsteinpflaster, wie es überall üblich war, wurde ich durch die Gegend geschüttelt. Ich übergab mich im Auto und weinte. Aufgrund des Schocks bekam ich meine Menstruation.

„Das werden Sie noch bereuen!", drohte ich.

„Und du siehst die Kinder nicht mehr wieder", wurde erwidert. Es war grausam. *Lieber Gott, was soll nur werden?* Die Todeszelle, dachte ich. Und es kam so!

Nach ungefähr zwei Stunden Fahrt, zwischen Gräfendonna und Erfurt wurde angehalten. Drei Mann zogen mich raus, es muss ein Waldstück gewesen sein.

„So, raus du Miststück, du Objekt!"

Mein Leben war zu Ende. Die Vögel kreisten über mir und ich dachte: *Nein!* Ich hörte zwei Gewehrschüsse. Ich schrie: „Lasst mich bitte nach Hause, bitte! Ich will nicht sterben!"

Umso schlimmer trieben sie es mit mir, lachten und verspotteten mich. Ich dachte: *Jetzt vergewaltigen sie mich noch.*

Dann sagte einer: „Das können wir nicht machen, Herr Offizier."

„Scheißegal, sie muss weg, denn wenn unsere Lügen rauskommen, dann sind wir draußen. "

„Eine alleine hat nie recht."

„Eingraben, lebendig, die Frau ist eine Gefahr."

Ich spürte Messerstiche im Unterleib. „Meine Eltern", schrie ich, „meine Söhne! Sehe ich sie wieder?"

„Nein!"

Der Tod stand mir vor Augen. Ich musste durch Sträucher, Erde … ich weiß nicht wohin, wie und was mit mir geschah.

Irgendwann spürte ich, wie ich vor einem großen Beet stand. Ich schrie: „Ich will nicht! Gebt mir Wasser!"

Daraufhin bekam ich fauliges Wasser, wie vom Blumengießen, ins Gesicht. Ich spürte Gewehrkolben an meinem Körper. Ein mittelgroßer Mann mittleren Alters zerrte mich, gab mir einen Gegenstand in die Hand, es muss eine Schaufel gewesen sein.

„Grab! Grab dein eigenes Grab, wenn du nicht gestehst!"

„Nein, nein, ich will hier weg. Lasst mich leben."

Ich musste mich übergeben. Ich hatte einen Poncho und eine Cordhose an, alles war von oben bis unten durchnässt. Sie wollten mich lebendig begraben. Einer schrie, dass sie das nicht machen könnten. Es war für mich das Schlimmste, was mir geschehen konnte. Ich kam in das große Loch.

„Wir holen dich am Mittag raus, wenn du die Wahrheit sagst oder nicht mehr den Gedanken hast, in die BRD auszusiedeln. Überleg dir das oder wir ziehen dir die Haut ab." Eine Stimme, die ich aus meinem Elternhaus kannte, war dabei. Er sagte, dass meine Kinder ins Heim gebrachten oder bei Frauen, die keine Kinder bekommen können, aufwachsen würden. Bis heute habe ich das nicht vergessen und werde es auch nie.

Meine geliebten Söhne … Ich nahm von allem Abschied, auch von meinen Eltern, meiner Arbeit. Ich hatte immer gerne gearbeitet, alles im Griff gehabt. Jetzt wurde ich ausgestoßen, gedemütigt, erniedrigt und abgeschoben, ins eigene Grab – lebendig! Schon zuvor im Auto hatte ich Todesangst gehabt, aber jetzt auch noch im eigenen Grab zu sitzen, das trieb mich an den Rand des Wahnsinns.

Drei Tage verbrachte ich in dem Loch, wie ein Stück Dreck. Abends kam ein junger Offizier und sagte, dass es ihm leidtäte, er es aber machen müsse. Ich war schon fast besinnungslos und konnte das nicht mehr klar wahrnehmen. Ich wurde abtransportiert, ich wusste nicht, wohin und wie lange wir fuhren, denn ich habe kurze Zeit danach das Bewusstsein verloren.

Als ich wieder zu mir kam, lag ich auf einer Liege. An meinen Armen waren Schläuche angebracht. Um mich herum standen drei Ärzte, von denen mir einer sagte, dass ich noch ein bisschen ausharren müsse, bis zu meiner Verurteilung. Außerdem bekam ich mit, dass ich im Krankenhaus der Erfurter Untersuchungshaftanstalt war, wenn man das überhaupt *Krankenhaus* nennen konnte. Alles sah heruntergekommen aus, eine reine Katastrophe. Dort konnte man nicht von Hygiene sprechen. Es war einfach nur schlimm! Ich wusste immer noch nicht, wo sich meine Kinder gerade befanden. Ich durfte sie erst wieder sehen, bevor alles überprüft wäre.

Noch zwei weitere Tage musste ich in dem abscheulichen Krankenhaus bleiben, bis ich alle meine restlichen Sachen abgeben und in eine Zelle musste. Ich war abgemagert, ich wog nur noch ungefähr 40 Kilo und war sehr schwach. Deshalb konnte ich nicht mehr richtig laufen oder sprechen. Ich weiß heute noch, dass ich zu dem Zeitpunkt ein gestreiftes Oberteil, eine lodderige Hose und ausgelatschte Sandaletten getragen habe. Mein Gesicht war übersät von blauen Flecken, wie ich durch einen Blick in den Spiegel feststellte. Einen der Offiziere, die mich aus dem Krankenhaus in die Zelle gebracht haben, hörte ich sagen: „Sie ist in ein Loch gefallen, wir haben sie gerade noch retten können." Diese Schweine! Doch ich hatte nicht die Möglichkeit ihnen zu widersprechen. Daraufhin wurde mir gesagt, dass es noch dauern würde, bis ich wieder nach Hause dürfe, da wieder einmal alles geprüft werden müsse.

Als ich mich in meiner Zelle umsah stellte ich fest, dass das Licht in regelmäßigen Abständen flackerte. Außerdem stand ein Doppelbett an der weißen Wand. Auf der anderen Seite waren eine Toilette und ein Waschbecken, die herunterge-kommen und sehr eklig aussahen.

Ich musste mir die Zelle mit einer jungen Frau aus Eisenach teilen. Sie hat versucht zu flüchten, deshalb war sie in der Untersuchungshaft. Wir lernten uns näher kennen und sie er-klärte mir, wie die Klopfzeichen zu verstehen waren, die mit anderen Häftlingen an den Toilettenrohren ausgetauscht wur-den. Zu Beginn war es nicht leicht, aber irgendwann verstand auch ich die Zeichen.

Meine Zellenmitbewohnerin weinte sehr viel und übergab sich auch des Öfteren.

Die Zellentür war aufgebaut wie eine Tür im Schweinestall: Es gab eine Luke, durch die das Essen durchgeschoben wurde.

Nach geraumer Zeit hörte ich einen Schlüssel im Schloss, die Tür ging auf und zwei verkommene Typen standen vor mir. Einer von ihnen sagte mit grimmiger Stimme: „Gefangene Nummer 30, raustreten zum Verhör!"

Das war ich! Ich hatte Angst, was wohl jetzt mit mir passieren würde.

Draußen auf dem Flur musste ich mich breitbeinig an die Wand stellen, meine Hände an die Wand stützen und durfte mich nicht bewegen, denn es war verboten, einen anderen Häftling oder einen der Gefängniswärter zu sehen. Von oben beleuchte-te mich rotes Licht. Nun durfte ich vorneweg den Flur entlang-gehen. Ich wusste zuerst gar nicht, wo es hinging, aber schnell erkannte ich, dass ich in die Richtung der Verhörräume geführt wurde. So war es auch. In dem Zimmer befand sich ein Schreibtisch, hinter dem stand ein Mann, dessen Nase so rot war, als ob er die ganze Nacht getrunken hätte – die Offiziere feierten nachts meistens mit viel Alkohol. Der Mann, der vermutlich der Richter war, sah grausam aus und hatte eine Zigarette im Mund.

Als ich auf einem Stuhl in der Mitte saß, brachte ich als erste Worte nur hervor: „Möchte nach Hause, möchte nicht hier bleiben, habe nichts getan!“

Als Antwort kam: „Sag, ob du die DDR verlassen und in einen kriminellen Sektor kommen wolltest! Haben deine Kinder denn keine Zukunft?“

Sie warfen mir vor, auf der Autofahrt nach Erfurt den Offizier im Auto beleidigt, herabgewürdigt und ihm dann gedroht zu haben, ihn zu Tode zu treten. Das entsprach natürlich nicht der Wahrheit. Ich wollte regelrecht aus dem Auto springen und zu meinen Kindern zurück, die zu dem Zeitpunkt fünf und zehn Jahre alt waren. Einen Abend zuvor war ich noch mit meinen Kindern auf einem Spielplatz. Sie sahen so glücklich aus. Plötzlich war ein Offizier vorbeigekommen, der meinte, dass ich nicht mehr mit den Kindern spielen dürfe, weil sie verpestet seien. Diese Aussage hatte mich natürlich ein bisschen verärgert. Doch jetzt, hier im Gefängnis, wurde behauptet, dass es komplett andersrum gewesen wäre: Ich hätte dem Offizier verboten mit meinen Kindern zu spielen, weil er verpestet sei.

„Ich weiß von nichts!“, wiederholte ich erneut. „Außerdem habe ich Durst, könnte ich ein Glas Wasser bekommen?“

Der Vernehmer drückte auf einen Knopf unter seinem Schreibtisch. Da ging die Tür auf und ein großer, stämmiger, widerlicher Mann kam herein.

„Genosse, ein Glas Wasser bitte.“

Er drehte sich um und ging wieder. Es dauerte einige Minuten, dann kam er mit einem großen Glas Wasser zurück. Ich freute mich schon innerlich, denn ich hatte wirklich großen Durst und mir war es egal, ob das Wasser dreckig war, denn so sah es aus. Doch plötzlich bekam ich den Inhalt des Glases direkt ins Gesicht geschüttet. Wie ich zuvor gedacht habe, war das Wasser wirklich nicht das Sauberste. Jetzt wollte ich nur noch zurück in die Zelle. Ich war kaputt und wollte mich hinlegen. Die Männer gaben mir Tabletten, die ich nehmen sollte, aber ich verweigerte sie, da ich nicht wusste, welche Wirkung sie auf mich hätten. Die Folge dieser Verweigerung waren zwei Ohrfeigen, eine links, eine rechts, so stark, dass mir die Lippe aufplatzte. Ich konnte nichts mehr sagen. Mir stockte der Atem und mein Bauch fühlte sich so an, als ob wieder die Periode begonnen hätte, dabei schrie ich nur noch. Daraufhin kam ich wieder in die Zelle.

Zurück in der Zelle sah ich meine Zellenmitbewohnerin mal wieder voller Tränen. Sie sagte zu mir: „Du blutest.“ In dem Moment spürte ich, wie das Blut mir über meine Lippen lief. Meine Mitinsassin, Frau Weber, berichtete, dass sie vor drei Tagen Tritte in den Bauch bekommen hätte. Sie zog ihr Oberteil nach oben und zeigte mir ihren Bauch, der überall mit blauen Flecken überzogen war. Anscheinend gehörte die körperliche Misshandlung im Gefängnis zum Alltag. Sie rannte zum Waschbecken und musste sich erneut übergeben. „Hilfe, Hilfe, Hilfe!“, schrie ich, um die Gefängniswärter darauf aufmerksam zu machen.

Zum Glück ging die Luke kurz danach herunter und ein verwahrlost aussehender Wärter fragte, was denn los sei. Er sah meine Mitbewohnerin über dem Becken und machte die Luke wieder zu. Ich dachte, ihn interessierte es nicht, doch dann ging die Tür auf und eine weibliche Person mit einem Gewehr kam herein. Die Frau trug kniehohe Stiefel und eine Hose, wie bei der Gestapo. Sie nahm Frau Weber mit beiden Händen und warf sie auf das Bett. Mehr hat sie nicht getan – keine Tabletten, keine Hilfe.

Ich saß bei ihr und beruhigte sie. Nach einer Weile erzählte sie mir ihren Werdegang. Dabei weinte und schrie sie immer wieder. Die letzten Worte von ihr an diesem Abend waren: „Ich will meine Kinder wieder, ich musste unterschreiben ...“ Sie musste die Zustimmung für eine Zwangsadoption ihrer Kinder unterschreiben, bevor sie ins Gefängnis kam.

Nach diesem letzten Satz bin ich eingeschlafen, weil der Tag mich fertiggemacht hatte. Ich bekam im Halbschlaf mit, dass meine Mitbewohnerin das Essen annahm, welches durch die Luke geschoben wurde. Als ich es runterwürgte, damit ich überhaupt Nahrung aufnahm, überlegte ich, was ich da aß. Es waren bitterer Tee und eine dickflüssige Mahlzeit, es hätte Grießsuppe sein können. Außerdem war ich unterzuckert, was kein Wunder war. Das Licht flackerte in unserer Zelle immer noch und auf dem Flur hörte ich Schreie. Wie mir von meiner Mitinsassin Weber erzählt wurde, flackerte das Licht mit Absicht, weil man daran kaputt gehen sollte. Nachdem ich die Schüssel ausgelöffelt habe, schlief ich voller Kummer ein.

Am nächsten Morgen wurde ich um sechs Uhr geweckt und musste zum Appell raus auf den Flur. Alle Häftlinge mussten sich an die Wand stellen und die Offizierin prüfte durch Zählen, ob noch alle da waren. Ich habe heute noch das Bild von der *Wachtel*, wie man die Wärterinnen nannte, vor Augen, die rote Haare hatte, Handschellen am Gürtel und ein Gewehr.

Vom Appell ging es in die Sanitäranlagen, die grau, vermodert und mit Kalk und Kot verdreckt waren. Man nannte sie *Duschraum*. Dort angekommen musste ich mich komplett ausziehen, doch meine Unterhose ließ ich an, was ich bereute, als sie mir heruntergerissen wurde. Ich stand in einer Einzelkabine. Die zum Glück lauwarmen Wasserstrahlen prasselten von oben auf mich herab, bis die Kabine bis zu meinem Oberkörper mit Wasser gefüllt war. Obwohl ich wusste, dass das Wasser verunreinigt war, trank ich das Wasser, da ich Durst hatte. Nachdem ich genug getrunken hatte, fühlte ich mich wie neu. Nach gefühlten 15 Minuten fing ich an zu frieren und teilte dieses auch der Aufsichtsperson mit, doch diese ließ mich genau deshalb extra länger in dem kalt gewordenen Wasser.

Als ich wieder zurück in meiner Zelle war, bekam ich Durchfall von dem dreckigen Wasser. Dagegen bekam ich Tabletten, doch weiterhin hatte ich das Gefühl, dass mir das Herz oben rauskäme. Ich übergab mich auch. Dunkles Brot stoppte zu meiner Erleichterung meinen Durchfall. Ich dachte: *Ich will nur schlafen. Ich kann nicht mehr, will in die Freiheit, einfach weg, raus!*

Mittags gab es Essen, das wie Schweinepansen aussah, doch ich brauchte etwas im Magen, damit ich nicht zusammenklappte. Vor Schmerzen bin ich wieder eingeschlafen.

Um 16 Uhr war ich wieder wach und an der Luke wurde ich, die Gefangene Nummer 30, aufgefordert in den Flur zu treten. Die Prozedur vom Vortag wurde wiederholt. Diesmal war es ein anderer Vernehmer. Er war jünger und sah besser aus – als ob er sagen wollte, dass er mich wieder nach Hause schicken würde. Doch das durfte er nicht.

„Am morgigen Tag hast du Hofausgang und da wirst du was erleben!", kam aus dem Mund des Vernehmers. „Sag doch die Wahrheit!", versuchte man es schon wieder.

Ich antwortete, dass ich hier nichts sagen würde. Ich wollte hier einfach nur noch raus.

„Du wirst morgen was erleben! Dein Urteil steht ja sowieso schon fest. Könnte böse ausgehen und deine Kinder werden dir auch weggenommen."

Ich wäre fast durchgedreht. Ich sollte also morgen Luft schnappen und die Wahrheit sagen, aber ich wusste noch nicht mal von welcher Wahrheit die alle redeten. Ich traute mich zu fragen, wann ich wieder nach Hause käme, doch als Antwort bekam ich nur, dass ich erst die Wahrheit sagen solle und dann auch erst meine Kinder wiedersehen könne, aber da ich ja nicht wusste welche *Wahrheit*, konnte das wohl noch ein bisschen dauern.

„Haben sie den Offizier treten und zu Tode treten wollen?"

„Nein! Niemals!", schrie ich.

Am nächsten Tag wurde ich wieder ungefähr um 16 Uhr aus meiner Zelle gerufen. Der Hofgang begann. Ich wurde durch einen kleinen, schmalen Gang nach draußen geschleust. Von oben wurde ich aus kleinen Häuschen bewacht. Aus allen Richtungen hörte ich aus den restlichen Zellen Männerschreie. „Traude, halt durch!" Ich hörte meinen Lehrling darunter, sie hatten ihn auch gefangen genommen. Wie ich später mitbekam, bekam er lebenslänglich, somit also 15 Jahre Haft, wegen

einem ihm angehangenen Mord. Er kam erst 1994 wieder raus.
Der Hofgang war schrecklich! Ich habe angefangen zu schreien: „Freiheit für uns alle!" Ich bekam Schläge mit dem Gewehrkolben in den Nacken, Tritte. Ich wurde zurück in das Gebäude gezerrt. In dem Moment war mir egal, ob ich sterbe oder nicht.

Meine Verurteilung war im Februar 1982. Da war ich 33 Jahre alt. Der Staatsanwalt war widerlich und grausam. Er sagte ständig zu mir: „Ungeziefer, wer einmal aus dem Blechnapf frisst, frisst immer daraus!" Das Ergebnis meiner Verurteilung lautete: … *wegen Herabwürdigung des Staates, Widerstand gegen die Offiziersmächte, Ausreiseanträge, versuchter Republikflucht und dementsprechend nicht gut ausgebildeter Lehrlinge zu einem Jahr und sechs Monate Gefängnis in Hoheneck verurteilt.* Danach wurde mir noch gedroht, nach dem Gefängnis alleine in den Westen zu müssen, während meine Kinder weiterhin im Osten bleiben würden. Das wäre allerdings ungesetzlich, weil es nur bei Kriminellen erlaubt war.
Nach dieser schweren Verurteilung wurde ich in weiterhin in Erfurt auf Hoheneck vorbereitet. Mein Anwalt Fritz Molenhauer war einer der besten Anwälte in dieser Umgebung. Er hat um Gnade gebeten, da ich Kinder und einen kranken Vater hatte. Er wollte meine sofortige Freisprechung erreichen, doch das gelang ihm nicht. In der letzten Nacht, die ich in meiner Erfurter Zelle verbrachte, wusste ich nicht, was als Nächstes passieren würde. Ich fragte mich immer wieder, ob ich meine Kinder wieder sehen würde oder gar meine Eltern. Doch mein Unterbewusstsein beantwortete diese Fragen immer mit der gleichen Antwort: *Nein, ich werde keinen mehr wiedersehen.*

Dabei lief mir jedes Mal erneut ein eiskalter Schauer über den Rücken und mein Magen drehte sich um. Über den weiteren Ablauf wusste ich auch nicht Bescheid. Ich hatte Angst! Und mit dieser Angst schlief ich irgendwann ein.

2 BSB 167/82
S 71/81

BStU
000020

Bezirksgericht Erfurt - 2. Strafsenat -
Beschluß vom 12. 4. 1982

In dem Strafverfahren

gegen die Kellnerin

Heidetraut Helene G i l l i s c h geb. Zierl,
geb. am 21. 9. 1948 in Heiligenstadt,
wohnhaft in Heiligenstadt, Heinrich-Rau-Straße 4,
seit dem 11. 9. 1981 in Untersuchungshaft in der Untersuchungshaftanstalt der BVfS Erfurt

wegen Begünstigung u.a.

wird die Berufung gegen das Urteil der Strafkammer
des Kreisgerichts Heiligenstadt vom 19. 3. 1982 - S 71/81 -
als offensichtlich unbegründet

v e r w o r f e n .

Die Auslagen des Rechtsmittelverfahrens trägt die Angeklagte.

Gründe:

Das Kreisgericht hat die Angeklagte wegen Begünstigung im schweren
Fall, mehrfacher öffentlicher Herabwürdigung, teils in Tateinheit
mit falscher Anschuldigung und wegen Bedrohung - Vergehen gem.
§§ 233 Abs. 1 und 2, 220 Abs. 1, 130 StGB - zu 1 Jahr und 6 Mona-
ten Freiheitsstrafe verurteilt und ihr zusätzlich den Aufenthalt
im Kreis Heiligenstadt für dauernd untersagt.

Gegen diese Entscheidung richtet sich die ordnungsgemäß einge-
legte Berufung, mit der die Angeklagte die Herabsetzung der
Strafe erstrebt und den Ausspruch der Aufenthaltsbeschränkung
rügt. Zur Begründung wird vorgetragen, hinsichtlich des Vergehens
der Begünstigung im schweren Fall sei von einer Strafverschärfung
wegen erschwerender Umstände gem. § 62 Abs. 3 StGB abzusehen,
weil der bereits Verurteilte Otmar Müller, dem die Angeklagte
nach der Begehung eines Verbrechens Beistand leistete, ihr sehr
nahe gestanden habe, und durch die Falschaussage der Angeklagten
keine schädlichen Auswirkungen eingetreten seien. Des weiteren
habe sie sich in einer psychischen Konfliktsituation befunden,

Am nächsten Morgen wurde ich aus der Zelle geholt und in ein vergittertes Auto gebracht. Ich wusste nicht, ob noch andere Gefangene in dem Transporter waren, doch es hörte sich danach an. Als wir losfuhren, wusste ich noch nicht, wo wir hinfuhren. Die Fenster waren aus milchigem Glas und somit konnte ich nicht verfolgen, in welche Richtung wir fuhren. Bevor es losging, kamen nur die Worte „Transport zum Gefängnis“ von dem Wärter, der uns begleitete.

Es schaukelte und holperte die ganze Fahrt und die Stimmung war betrübt, als ob keine Seele mehr vorhanden sei. Ich hörte zwei weitere Gefangene weinen, doch ich bekam ich nicht zu sehen.

Ich wusste nicht, wie lange wir fuhren. Als der Wagen zum Stehen kam und wir sofort aus dem Auto gerissen wurden, hatte ich keine Ahnung wo wir waren und was nun geschehen würde. Mir wurden gleich die Augen verbunden, Handschellen angelegt und auch der Mund zu geklebt. „Stehen bleiben!“ Ich hörte Züge um mich herum, wie auf einem Bahnhof. Ich bekam von Wärtern mit, dass es sich um den Dresdner Bahnhof handelte. Später, als ich die Augenbinde abgenommen bekommen habe, sah ich, dass mit mir noch ungefähr 40 weitere Männer und Frauen gefesselt darauf warteten, was mit uns geschehen sollte. Sie kamen aus verschiedenen Haftanstalten und wurden alle zusammen in dasselbe Gefängnis gebracht.

Ich wurde mit den anderen Gefangenen aneinander gekettet. Ich werde nie vergessen, wie die Wärter gesagt haben: „Bei Fluchtversuch wird geschossen!“

Wir gingen durch einen Tunnel, woraufhin wir an eine Ecke kamen, an der wir die Züge sahen. Sie waren alle weiß. Auch sie hatten milchiges Glas, damit nicht rausgeguckt werden konnte. Damit wurden wir im nun zum Gefängnis transportiert. Neben mir standen zwei Männer mit Gewehren. Sie lösten uns nacheinander die Fesseln und schrien immer und immer wieder: „Bei Fluchtversuch wird sofort geschossen!" Dabei richteten sie ihre Gewehre auf uns.

Im Zug kam jeder mit zwei Gleichgeschlechtlichen in eine sogenannte *Box*. Also verbrachte ich die Fahrt mit zwei Frauen. Sie kamen aus Sachsen, aus Grimma. Der einen wurden, genauso wie mir, die Kinder weggenommen und es wurde versucht ihr einen Raub anzuhängen. Sie fing an zu weinen und ich bemerkte, dass ihre Lippe und Knie aufgeplatzt waren. „Ich bin in der Untersuchungshaft misshandelt worden", fing sie an zu erzählen, doch plötzlich kamen zwei Männer rein. „Schnauze! Keine Unterhaltungen!", schrie einer der beiden.

Als die Wärter wieder verschwunden waren, versuchte eine der Frauen erneut eine Unterhaltung zu beginnen: „Wo kommst du her?" Auf diese Frage konnte ich nicht antworteten, sondern ich konnte nur sagen: „Ich will nur noch weg, nach Hause." Daraufhin bin ich aufgestanden, an die Tür gegangen und habe versucht abzuhauen. Ich wollte nur noch aus dem Zug. Man konnte gut einfach abspringen, denn der Zug fuhr nicht schnell. An der Tür hatte ich dennoch keine Chance, sie konnte kein Stück verschoben werden.

Als der Aufseher ein weiteres Mal in unsere Box kam bemerkte ich, dass es mir egal war, ob ich hier oder im Gefängnis verrecken würde. Zusätzlich dachte ich natürlich an Rache, die ich ausüben würde, wenn ich hier lebendig herauskäme. Im Moment war ich machtlos und hatte auch keine Kraft mehr, mich zu wehren.

Der Zug kam zum Stehen und es wurden drei Gefangene herausgelassen, die Wärter immer dabei. Ich bekam mit, wie sie gleich ins Auto gezerrt und zum Gefängnis gebracht wurden. Bei mir dauerte es noch.

Als ich Nasenbluten bekam, wurde mir Zeitungspapier gegeben und den Kopf musste ich nach hinten legen. Ich war am ganzen Körper mit Blut betropft. So musste ich den Zug verlassen, mit mir fünf weitere Frauen, die alle in meinem Alter waren, bis auf zwei, die mir jünger schienen. Wie zuvor stand ein Auto für uns bereit, in das wir gedrängt wurden. Auf dem Auto stand in Druckbuchstaben *NVA Grenzverletzer*. Nach der Fahrt standen wir vor einem großen, blauen Tor. Das war das Gefängnis von Hoheneck!

Gefängnisaufenthalt in Hoheneck

Wir stiegen aus und wurden durch eine Schleuse ins Innere des Gebäudes gezerrt. Mir ging die Wertlosigkeit des Individuums an sich mal wieder gegen den Strich.

In einem der vielen Räume mussten wir uns nackt ausziehen, damit wir auf Läuse oder dergleichen untersucht werden konnten. Ich fühle mich unwohl. Ich hatte keine Läuse und das wusste ich auch. Ich wollte mich eigentlich nicht ausziehen, sondern versuchen zu flüchten. Ich habe mich unter Toben und Rebellieren geweigert, doch die Folge davon war ein Gewehrstoß in den Nacken, was sehr wehtat. Plötzlich kam eine rothaarige Ältere mit roten Lippen in den Raum. Ich traute mich zu fragen, ob wir hier lebend wieder herauskommen würden, doch sie sagte nur: „Es sieht keiner, was hier drin passiert." Das war ein klares *Nein*.

Jede von uns Frauen bekam Häftlingskleidung, die aus einer Bluse und einer Hose bestand. Sie stammten von der Volksarmee. Außerdem bekamen wir Nummern und einen Zettel. Ich wusste nicht, was draufstand, doch ich sagte: „Was ist das für ein Zettel? Daran halte ich mich nicht!" Ich hatte großen Durst, einen trockenen Hals und hoffte irgendwann auf etwas Wasser. Mittlerweile war es auch schon nachmittags. Ständig hörte ich Gittertüren zuschlagen und überall gab es lange, stinkige Gänge. Durch einen davon wurden wir zu einem Essensraum gebracht. Ich erfuhr noch, dass einer der vier Frauen die Kinder weggenommen worden waren. In diesem Moment dachte ich auch an meine Kinder. Ich vermisste sie so sehr.

In dem Raum saßen schon weitere Frauen in gestreifter Arbeitskleidung. Auf den Tischen standen alte und vertrocknete Brote, von denen alles runterlief, weil es so versifft war. Der Kaffee, der dabeistand, war eklig, doch eigentlich musste ich was essen und trinken, damit mein Bauch wieder etwas gefüllt war. Es war alles so grausam.

Ich saß an einem der Tische, als eine Frau mich anstieß und fragte: „Was hast du gemacht?" Ich antwortete wie jedes Mal, dass ich nichts gemacht hätte und in keine kriminellen Taten verwickelt sei. Doch sie erwiderte darauf nur, dass es eine böse Zeit für mich würde. Ich bekam noch mehr Angst, als ich schon hatte. Außerdem erzählte sie, dass vor zwei Wochen eine Berlinerin erschossen wurde, weil sie versuchte zu flüchten. Sie wurde über den Hof geschleift und zog eine Blutspur hinter sich her. Das beendete meine Fluchtgedanken. Ich wusste, dass ein Überlebenskampf für mich begann. Schlimm. Grausam. Furchtbar. Das Einzige, was ich zu dieser Situation jetzt noch raus bekam, war: „Wie kann man nur?" Ich war einfach nur schockiert und ängstlich zugleich.

Mir wurde noch zugetragen, dass die *Politischen*, die womöglich genauso wie ich zu Unrecht verhaftet worden waren, von den *Kriminellen* unter der Gefangenen auf die schiefe Bahn gezogen wurden. Außerdem gab es hier auch Frauenschläger, was mich noch mehr beunruhigte.

Täglich spielte ich mit dem Gedanken, mir das Leben zu nehmen. Ich konnte das alles nicht mehr ertragen, sah immer wieder mein Ende. Sollte ich doch einen Fluchtversuch wagen?

Mein Magen drehte sich um. Eigentlich wollte ich von dem widerlichen Brot essen, doch ich konnte mich nicht überwinden. Plötzlich wurde mir schlecht und ich verließ den Speisesaal eilig, suchte nach einer Toilette, schaffte es aber nicht und musste mich draußen auf dem Flur übergeben. Kurz danach wurde ich von einem Wachmann und einer, wie ich später erfahren habe, *Kriminellen* festgehalten. Ich erfuhr auch, dass sie schon zehn Jahre im Hohenecker Gefängnis war, weil sie zwei Kinder erschlagen und zerstückelt und somit lebenslänglich bekommen hatte. Kriminelle wurden absichtlich eingesetzt, um zu bespitzeln und zur Abschreckung, damit die Häftlinge sich regelrecht fertiggemacht fühlten.

Mittlerweile hatte ich ziemlich starke Kopfschmerzen bekommen. Die Neuangekommenen, darunter also auch ich, trugen immer noch Handschellen und mussten damit auf den Knien einen großen Flur putzen. Dieser stank wie die Pest. Auf der linken Seite sah es aus wie nach einer Schlacht: überall war Blut. Es war schrecklich! Ich schrie: „Ich will hier raus!“ Natürlich wurde ich danach wieder festgehalten. Diesmal von zwei Männern und einer Frau. Mir wurde mitgeteilt, dass ich in den Kerker käme, wenn ich die Regeln nicht einhielte. Ich konnte nicht mehr. Mein ganzer Körper zitterte und zuckte. Ich war schwach.

Nachdem der Flur soweit sauber war, wurden wir zum Zählappell aufgefordert. Wir standen alle in einer Reihe und es wurde geprüft, ob noch alle da waren, ob keiner geflüchtet war. Danach wurden wir in unsere Zellen gezerrt, eingesperrt wie Tiere.

Wie in Erfurt gab es auch hier Doppelbetten. Dieses Mal war ich mit drei weiteren Frauen in einer Zelle. Sie waren alle *politisch* und kamen aus Berlin. Eine der Berlinerinnen weinte.

Als die Tür von außen zugeschlossen wurde, unterhielten wir uns über unsere Herkunft.

„Mein Mann wurde im Männergefängnis in Hohenschönhausen gefangen genommen", erzählte eine.

Ich konnte nur erwidern: „Ich will zu meinen Kindern. Ich habe nichts gemacht."

„Wir auch nicht, es wird immer schlimmer."

Es lief alles wie in einem Kinofilm ab.

Abends ging die Tür auf. Der Wärter sagte: „Gefangene 33! Raustreten und vorne weg!"

Ich wurde durch eine Schleuse in einen unterirdischen Gang gebracht. Dort gab es fünf Arrestzellen. Davor stand ein Wagen mit Tellern, auf denen Essen serviert wurde. Der Wachmann stand hinter mir und ich musste unter seiner Beobachtung die Teller durch die Luke schieben, die wieder mit einer Schweineluke zu vergleichen war.

In der Arrestzelle war eine Frau, die schon vier Jahre gefangen war. Insgesamt wurde sie zu 15 Jahren verurteilt, weil sie 25 Personen von der DDR in die BRD geschleust hatte. Das war natürlich Vaterlandsverrat. Später erfuhr ich noch, dass Studenten mit Absicht an ihrem Entlassungstag *vergessen* wurden und dann zusätzlich länger bleiben mussten, damit sie das Studium nicht fortsetzen konnten. Dieses wurde nämlich vom Staat bezahlt und somit konnte die Zahlung hinausgezögert werden.

Der Wärter sagte: „Nicht viel beachten die Frau! Einfach das Essen hineinstellen!"

Ich war fertig. Die Frau sollte für mich eine Abschreckung sein. Mir wurde erzählt, dass sie sich hier im Gefängnis als Ärztin beworben hatte, doch sie war abgelehnt worden und stattdessen in den Keller zum Kohle abtragen geschickt. Dies lehnte sie ab, daraufhin musste sie in die Arrestzelle.

Nachdem ich der Ärztin ihr Tablett mit dem Essen in die Zelle geschoben hatte, wurden mir mit zwei männlichen Wächtern zur Bewachung die Arbeitsplätze gezeigt, die es in dem Gefängnis gab. Jede Gefangene musste arbeiten, doch keine durfte sich den Arbeitsplatz selber aussuchen, sondern wurde zugeteilt. Nun ging es zuerst zum Kohleabtragen in den Keller. Dunkel. Dreckig. Einfach nur grauenhaft. Alle Arbeiter waren am Schuften. Danach wurde ich zum *Heißformer* geführt. Es war sehr heiß, deshalb war es kein Wunder, dass plötzlich eine Gefangene in Ohnmacht fiel. Die Frau wurde hinausgetragen. Mich schreckte das alles sehr ab und deshalb wollte dort auf keinen Fall arbeiten und musste es zum Glück auch nicht. Es war einfach nur ein Grauen.

Zuletzt kam ich in die Näherei, auch *der Planet* genannt, welcher später mein Arbeitsplatz wurde. Natürlich war es dort besser als in den vorherigen Bereichen, doch ich wollte weg, einfach nur raus. Noch immer an den Händen gefesselt überlegte ich abzuhauen. Ich sah eine kleine Kuhle, durch die ich mich unter dem Zaun hindurchzwängen wollte. Ich versuchte es, doch dann kamen auch schon die zwei Männer und noch eine Frau angelaufen. Die Frau hatte eine hässliche Hakennase und war die gefürchtetste Frau im Gefängnis. Sie wurde *Binjok* genannt. Ich wurde von ihr in einen Raum gezerrt und sie sagte mit einer Angst einflößenden Stimme: „Du musst die sozialistische Moral einhalten! Du bist hier nicht im Freudenhaus im Westen, sondern du bist hier zur Erziehung. Wenn du weiter ein Bürger der DDR bleiben willst und dich an die Regeln hältst, dann kannst du mit einer Frühentlassung rechnen." Doch

daran habe ich nie geglaubt und es kam auch nie so. Diese Sätze waren eine Hinhaltetaktik.
Jetzt waren viele Kommandos zu hören. Außerdem war zu hören, dass Gefangene vom Arbeitsbereich nach oben gebracht wurden. Schreie. Angst. Alles grauenhaft. Ich konnte das nicht länger aushalten, also schmiedete ich einen Plan: Ich würde eine kurze Zeit in der Näherei arbeiten und dann weitersehen, aber lange wollte ich das nicht machen.

Doch zunächst musste ich erst einmal anfangen zu arbeiten. Es war eine anstrengende Tätigkeit. Nach drei Stunden wurde ich mit zehn weiteren Gefangenen geholt und mit insgesamt 20 Frauen in eine Zelle gesperrt. Die Zelle war groß, hatte ein paar Waschbecken. Diese waren unter aller Würde, dreckig, sodass man sie nicht benutzen wollte. Die Toiletten sahen genauso aus. Eklig, heruntergekommen.
Zwischen uns Politischen waren natürlich auch Kriminelle dabei, die meist in der Küche und in der Krankenpflege arbeiteten.

Am Abend dieses anstrengenden und aufregenden, aber doch schrecklichen Tages, hat mich das Glück doch noch gefunden: Ich habe Post von meinen Kindern erhalten. Sie hatten einen Brief geschrieben und ihn mit Herzen, Engelchen und vielen Motiven verziert. Ich habe dadurch wieder neue Hoffnung geschöpft, dass ich sie bald wieder sehen würde. Den Brief durfte ich leider nicht behalten, nur lesen, dann wurde er mir wieder weggenommen. Ich fing an am ganzen Körper zu zittern. Ich schmiedete erneut einen Plan. Ich wollte nur noch raus hier, zu meinen Kindern. Ich vermisste sie so. Ich nahm mir vor am nächsten Morgen durch eine Schleuse, die ich am Nachmittag entdeckt hatte, durch das offene Tor zu flüchten.

Die Nacht war schrecklich. Ich musste da raus. Die Bettwäsche von allen Betten war blau und die Matratze war wie aus Stroh. Wie in dem restlichen Gefängnis gab es auch hier nur Etagenbetten. Ich hatte einen Platz unten. Über mir lag eine Kriminelle, die mir zuvor gedroht hatte mich umzubringen, wenn ich anfangen würde zu heulen. Deshalb versuchte ich mich natürlich zusammenzureißen.
Ich lernte am Abend noch fünf Frauen aus meiner Zelle kennen: Brigitte, Isolde, Monika, Jutta und Sabine. Wir erzählten uns viel und sie konnten mir auch einiges über das Gefängnis und das Verhalten von anderen erzählen, denn sie waren schon länger hier. Irgendwann in der Nacht gingen wir dann alle schlafen und ich bin auch relativ schnell eingeschlafen.

Am nächsten Morgen wollte ich meinen Plan umsetzten, doch ich musste enttäuscht feststellen, dass Hunde zur Bewachung des Tores eingesetzt wurden.

Nach fünf Wochen weigerte ich mich weiterzuarbeiten. Das Elend fing an. Ich musste in Isolationshaft. Ich wurde ich in eine Arrestzelle gezerrt, die mit Doppelgittertüren gesichert war. Dort gab es keine Toiletten und die Wände waren von oben bis unten beschmiert. In der Ecke war eine Kuhle im Boden, die man als Toilette benutzen konnte, doch es war keine. Es war mittlerweile schon Abend und daher bereits dunkel, als ich in eine neue Arrestzelle kam. Raus kam ich noch nicht, da ich immer noch nicht wieder arbeiten wollte. In der neuen Zel-

le gab es diesmal eine Pritsche und eine Toilette und auch hier Beschmierungen an den Wänden, die verrieten, dass schon viele Gefangene hier gelandet waren. Außerdem existierte ein winzigkleines Fenster, durch das ich die Festung des Gefängnisses sehen konnte. Es war schrecklich.
Heidetraud, was mache ich hier?, fragte ich mich selber immer und immer wieder. „Ich will zu meinen Kindern! Ihr Schweine", schrie ich.

Dann kam für mich das Allerschlimmste: Die zwei Wachleute und Binjok kamen in meine Zelle und banden mich am Zellengitter fest.
Schließlich musste ich auf die Toilette. Dies konnte ich nicht länger zurückhalten und merkte, dass meine Kleidung nach und nach immer nasser wurde. Daraufhin musste ich mich übergeben. Ich wollte meine Kleidung wechseln und mich sauber machen, doch sie haben mich gequält, indem sie mich ignorierend dort hängen ließen. Ich schrie: „Ich will sauber gemacht werden!"
Plötzlich kamen die Wachen rein, lösten meine Fesseln von den Gittern und führten mich hinaus. Ich wusste zuerst nicht, wohin es ging, doch schnell erkannte ich, dass ich in einen der Duschräume gebracht wurde. Meine Kleidung war so heruntergekommen, dass man sie wegschmeißen konnte. Ich war froh, als ich mich in der Duschkabine entkleiden durfte. Die Sachen wurden mir weggenommen, worüber ich nicht besonders traurig war, da ich wie ganzer Stall stank. Es war alles so eklig. Es erfrischte mich zunächst ein wenig, als ich mit einem kalten Wasserstrahl von oben bis unten abgespritzt wurde, doch das kalte Wasser musste ich zur Strafe eine halbe Stunde lang er-

tragen. Es war furchtbar. Überall roch es nach Tod und Verderben.

Beim Abführen aus dem Duschraum bemerkte ich eine Person, die auch unter der Dusche stand. Es musste eine Frau sein, da eine weibliche Stimme schrie: „Meine Nase, meine Nase, ich wurde geschlagen." Im Ausfluss erkannte ich Blut.
Ich habe mich gewehrt, erneut in eine Arrestzelle zu kommen, doch es nutzte nichts.

Es lag ein modriger Gestank in der Luft. Ich zitterte am ganzen Körper und bekam alles, was geschehen war, nicht mehr aus dem Kopf. Warum machten die das und für wen? Ich hätte alles gegeben, um mit meiner Familie zusammen zu sein.
Der Mangel an Wasser tat meinem Körper gar nicht gut. Ich tat alles, um meinen Durst zu stillen. Dafür hatte ich unter der Dusche sogar das braune, nach Rost schmeckende Wasser getrunken. Jetzt, in der Zelle, waren meine Füße wie die letzten Stunden gefesselt. Ich bekam ein stinkiges Oberteil und eine alte Hose, doch keine Unterwäsche.
Nach einer Weile wurde ich abgekettet und zum Freigang geschickt.

Ich musste wie jedes Mal durch eine Schleuse. Auch hier roch es ziemlich modrig. Ich hätte gerne einfach alle erschossen und wäre geflüchtet. Ich wollte nur zu meiner Familie. Auf dem Weg nach draußen ging ich noch an anderen Duschkabinen vorbei. Ich hörte, wie ein Kampf stattfand.
Ich fragte den Wachmann, der mich hinausbrachte: „Schlagt ihr die Gefangenen nur tot oder kriegen die auch irgendwann die Freiheit?"

Ich bekam nur eine kalte Antwort: „Wenn man sich nicht fügt, muss man mit so etwas rechnen."

Das schockierte mich sehr. Als ich durch einen Seitenausgang ins Freie kam, holte ich als Erstes tief Luft. Ich sah in den Himmel und war wie neu geboren. Ich dachte daran, wie es jetzt zu Hause bei meinen Kindern wäre. Ich würde alles dafür tun, um jetzt nach Hause gehen zu dürfen.

Lange draußen bleiben durfte ich natürlich nicht, wurde durch die Schleuse wieder hinein in einen Verhörraum geführt. Ich wurde von einem Offizier gefragt, ob ich mich denn nun fügen würde oder die Zwangsarbeit immer noch verweigere. Wenn ich mich weiterhin sträuben würde zu arbeiten, würde ich wieder in einer Arrestzelle übernachten müssen.

Mir blieb nichts anderes über und so stimmte ich zu. Daraufhin musste ich gleich mit der Nacharbeit beim Heißformer beginnen. Dort mussten die Gefangenen Strümpfe aufziehen. Diese waren für das Strumpfwerk ESTA.

Ich arbeitete bis um zwei Uhr nachts. Plötzlich wurde mir schwarz vor Augen und ich kippte um. Ich wachte auf und wusste zuerst nicht, wo ich war. Ich dachte nach und meinte, dass ich im Haftkrankenhaus sein musste. Dieses wurde auch *Mäus* genannt und war das bekannteste Krankenhaus für kranke Häftlinge. Es wurde extra für das Gefängnis Hoheneck eingerichtet.

Plötzlich kamen von allen Seiten Schreie: „Raus! Aufstehen!" Doch ich konnte nicht aufstehen. Ich fühlte mich schwach und mein Herz schmerzte. Es war furchtbar. Mich hatte die Kraft gänzlich verlassen.

Mir wurden ein Kaffee und ein trockenes Brötchen mit Marmelade und Butter serviert. Nachdem ich dieses probiert hatte, stellte ich fest, dass die Tasse dreckig, das Brötchen altbacken und die Butterportion winzig war. Die Marmelade war auch ziemlich wenig für eine Person. Alles um mich drehte sich. Ich fragte eine Krankenschwester, ob die Tasse für mich abgewaschen werden könnte, doch in dem Moment trat ein Arzt in mein Zimmer. Ich hörte, wie er zu den Wachleuten sagte, dass ich einen Herzanfall hätte. Erneut drehten sich mein Magen und alles um mich herum.

Eine Schwester gab mir Spritzen in den Nacken und in den Schulterbereich. Ich bekam nicht mit, wie viele es waren, doch es müssen an die zwanzig gewesen sein. Ich versuchte mich zu wehren, aber es gelang mir nicht, weil ich zuerst gehalten wurde und dann mit den Händen an einen Holztisch gebunden wurde. Es war fürchterlich. Die Spritzen sollten mich ruhigstellen, da ich sehr rebellisch war. Ich dachte, ich sterbe. War jetzt mein Ende gekommen? Ich hörte plötzlich alles doppelt und als wäre es ganz weit weg.

Mir wurde gesagt, dass ich meine Arbeit im Gefängnis wieder aufnehmen müsse, damit die Heilung der Spritzen einsetzen könne. Daran glaubte ich nicht und es geschah auch nie.

Ich hatte ein Rauschen im Ohr und fühlte mich, als schwebte ich in der Luft. Ich hatte wieder einmal den Tod vor Augen, hatte keine Hoffnung mehr, dass ich dort lebend herauskäme.

Die Müdigkeit überkam mich langsam, sodass meine Lippenbewegung mir schon schwerfiel und somit auch das Sprechen. Es war unbeschreiblich. Diese Situation muss man erlebt haben, um zu wissen wie es ist. Es änderte sich nichts an den Stimmen der anderen, die ich immer noch in der Ferne hörte. Ich wollte schreien: *Bitte helft mir!* Doch ich bekam keinen Ton heraus. Würden doch starke Männer aus der BRD kommen und uns alle aus dem Gefängnis befreien. Könnten die Minister oder Politiker nicht irgendwas machen?

Plötzlich ergriffen starke Schmerzen meinen Körper. Wie Salzsäure, die meinen ganzen Körper verätzte. Ich hatte das Gefühl, mein Hals schnüre sich zusammen und somit dachte ich, ich würde bald keine Luft mehr bekommen. Nach etwa einer halben Stunde merkte ich, wie ich im Gesicht rot anlief, als ob ich Fieber bekäme. Es schien so, als ob bis dahin die Adern abgedrückt worden wären und nun jetzt wieder geöffnet wurden.

Ich war mit einer Frau aus Sachsen in einem Zimmer. Sie hieß Monika und war Mitte zwanzig. Monika wurde bei einem Fluchtversuch mit ihrem Mann gefangen genommen und dabei hatte ein Wachmann sie am Armgelenk festgehalten, welches dabei umgedreht wurde. Ihr Mann war nun im Männergefängnis. Das wurde auch das *gelbe Elend* genannt.

Monika beschwerte sich gegen Abend bei den Wächtern, dass es ihr von den Spritzen so schlecht ginge. Sie dachte, wir seien alle nur Versuchskaninchen. Das dachte ich auch.

Nach der Beschwerde kam ein Mann in unser Zimmer, der sich als Gesundheitstester ausgab. Natürlich war er keiner, wie ich heute weiß. Er hatte eiskalte Augen und man hat schon viel von ihm erzählt. Doch dieser *Gesundheitstester* sagte: „Ich muss Untersuchungen vornehmen und euch eine Spritze in den rechten Oberarm geben." Monika und ich wussten, dass dies nicht zu unserem Vorteil war, deshalb habe ich mich gleich geweigert. Daraufhin verschwand der Mann wieder. Ich dachte, ich hätte es geschafft, der Spritze zu entwischen, doch kurze Zeit später kam der Mann mit zwei Krankenschwestern wieder. Die zwei Schwestern hielten meine Arme fest und banden sie wie am Nachmittag zuvor an den Holztisch. Somit konnten sie mir die das Mittel aus der Spritze – angeblich gegen Hepatitis und Tuberkulose – doch spritzen. Heute leide ich an beiden Krankheiten und kämpfe gegen diese an.

Nach der Spritze setzte ein starkes Ohrenrauschen ein. Ich wusste, dass das nicht der Normalität entsprach; ich wusste, dass da etwas falsch lief. Das war bestimmt Gift gewesen, da war ich mir eigentlich relativ sicher. Ich wusste, dass ich, wenn ich dem Mann heute begegnen würde, ihm an die Gurgel ginge. Mir ging es übel. Ich habe im Nachhinein erfahren, dass viele Frauen an Hepatitis und Tuberkulose erkrankt sind; deshalb musste es mehr als nur ein Test gewesen sein. Ich wollte einfach nur noch weg.

Nach den vielen Spritzen und dem bis jetzt furchtbaren Aufenthalt im Gefängniskrankenhaus konnte ich meine Arbeit noch nicht wieder aufnehmen, aber ich wollte es auch nicht. Dennoch wollte ich auch nicht in die Arrestzelle, in die ich nun wieder gesperrt wurde. Dort bemerkte ich, dass ich Fieber bekam. Ich fing an zu zittern, bis dieses in einen Schüttelfrost überging.

In der Zelle, in der ich saß, gab es diesmal einen Hocker und eine Matratze. Die war ein kaputtes, lumpiges Ding. Das Neonlicht flackerte auch hier. Mein Körper war wie zerschlagen und erschöpft. Ich wollte einfach nur noch schlafen und nie mehr aufwachen. Ich wurde mit den Problemen, die mich regelrecht überfielen, nicht mehr fertig und hatte Todesangst, aus dem Gefängnis nicht mehr lebend herauszukommen. Meine Gefühle fuhren Achterbahn. Würde ich die Sonne jemals in Freiheit wiedersehen?

Während ich so in der Zelle saß, merkte ich, dass ich seit längerer Zeit nichts gegessen hatte, trotzdem verspürte ich keinen Hunger. Ich fühlte noch nicht mal mehr meinen Magen und dachte über nichts mehr nach. Ich legte mich auf die Matratze. Sie war unbequem, trotzdem fielen mir die Augen zu und ich schlief ein. Ich war körperlich und nervlich völlig erschöpft. Die Nacht verging sehr schnell.

Am nächsten Morgen wurde ich um sechs Uhr von einem fürchterlichen Lärm geweckt. Es mussten Gefangene sein, die im Flur schrien, weil sie geschlagen oder misshandelt wurden. Ich bekam mit, dass zwei Frauen abgeführt wurden.
Beim Hofgang legte sich eine der beiden mit einem Wachmann an: „Erschieße mich doch, mehr wollt ihr ja sowieso nicht!“
Als Antwort kam nur: „Gefangene, halt die Schnauze!“ Diese eiskalten Bemerkungen waren hier im Gefängnis normal und etwas anderes wurde nicht erwartet.
„Ihr Bestien! Ihr elenden Bestien!“
Bei solchen Gesprächen ging mir immer wieder die Frage durch den Kopf, wann und von wem ich hier rausgeholt werden würde.

Noch etwa fünf weitere Monate blieb ich in der Isolationshaft. Mittlerweile hatte ich meine Arbeit wieder aufnehmen können. Ich musste unterirdisch Kohle mit einem Waggon abtransportieren, der auf Schienen fuhr. Die Wächter bewachten hier besonders stark und jagten uns mit ihren Gewehren, die sie ständig bereithielten, Angst ein. Täglich wurde ich mit einem Wagen durch eine Schleuse mit fünf anderen *politischen* Frauen zu meinem Arbeitsplatz gebracht. Wir trugen alle die gleiche

Arbeitskleidung: Ganzkörperanzüge in Blau und Nummern auf der Vorderseite. Auf meinem Anzug stand die Nummer 33065. Ich habe mit einer Agentin aus dem Westen zusammengearbeitet. Sie trug die Nummer 44761 und hieß Anne-Marie. Sie war im Gefängnis, weil sie wegen Menschenhandel zu sieben Jahre Haft verurteilt wurde. Ich wog mittlerweile ungefähr 40 Kilo, doch Anne-Marie war noch dünner als ich, sodass man bei ihr schon die Rippen zählen konnte. Ich sah auf ihrer Schulter viele Schlagabdrücke und hörte sie auch oft in ihrer Zelle weinen, sie war am Boden. Das war kein Wunder, denn wir wurden wie Tiere behandelt.

„Wie viele Kinder hast du?", fragte ich sie.

Sie erzählte, dass sie drei Kinder hatte, die sie schon länger nicht mehr gesehen hatte. Sie vermisste ihre Kinder genauso, wie ich meine.

Jeden Abend, nachdem wir nach der Arbeit wieder in unsere Zelle waren, haben wir uns durch Klopfzeichen verständigt. Ich bekam mit, dass Anne-Marie eine Woche zuvor flüchten wollte. Sie hatte bei der Arbeit mit einem Presslufthammer um sich geschlagen. Wir wollten beide weg und hofften, dass wir demnächst irgendwann zum Transport aufgerufen würden, damit wir endlich in die Freiheit konnten. Anne-Marie erzählte von einem Freund, den sie hatte. Dieser war auch im Gefängnis, in Berlin-Schönhausen.

Während meiner gesamten Arbeitszeit brachen vier junge Frauen zusammen, drei haben sich ganz geweigert zu arbeiten. Für diese Frauen wurde das schlimmste Kommando im Gefängnis erteilt: „Rollkommando!", schrie ein Offizier. Daraufhin erschienen drei starke, große Männer. Sie rückten an und bedrohten die Frauen mit ihren Gewehrkolben, damit wieder alle ihre Arbeit aufnahmen. Doch weiterhin lehnte eine Frau es ab und bat darum, zum obersten Kommandeur, zur Gefängnisleitung gebracht zu werden. Doch dieses wurde ihr nicht gestattet. Sie wurde zur Strafe angekettet. Es war furchtbar, sodass ich vor Angst schrie. Die Zustände, die dort herrschten, waren unerträglich. Wenn ich keine Kinder und Verwandten gehabt hätte, die außerhalb des Gefängnisses auf mich warteten, hätte ich schon längst mit dem Leben abgeschlossen.

Jeder Tätigkeit der Wachmänner grenzte an ein Tötungsdelikt. Eines Abends nach der Arbeit wurde eine Frau über den Hof geführt, sie schrie. Es war wie auf dem Weg zur Schlachtbank. Meine Nerven lagen blank und mein Körper war schlapp. Ich hoffte, dass ich von außen freigekauft würde und endlich hier raus könnte. Nachdem eine andere Frau wie ein Stück Dreck über den Hof geschleift wurde, verließen mich die Kräfte; am liebsten wäre ich im Boden versunken.

Ich hatte weiterhin Hunger, doch auf der anderen Seite hatte ich stechende Schmerzen, die dazu führten, dass ich nicht viel Nahrung zu mir nehmen konnte.

Ich weiß jetzt noch, dass ich am zwölften Dezember 1982 in die Wasserzelle gesperrt war. Ich stand bis zu den Schultern im Wasser und fror. Weihnachten 1982 war genauso fruchtbar. Ich musste ein so schönes Familienfest in einer Arrestzelle verbringen. Bis in die Nacht hinein hörte ich stundenlang Schreie einer Frau. Ich betete in dieser Zeit, die ich wach in der Zelle lag und nicht schlafen konnte. Meine Hoffnung bestand noch, dass ich hier bald raus käme.

Ich hätte, bevor mich die Stasi von zu Hause abgeholt und ins Gefängnis gebracht hat, nie gedacht, dass es so etwas geben könnte. So viel Ungerechtigkeit. Bestialisch. Einer Frau sollten die Kinder nicht weggenommen werden. So was sollte einfach nicht passieren. Vor unseren Augen wurde immer nur alles beschönigt, nie wurde so etwas veröffentlicht. Keiner wusste davon, dass es so was gab.

Wegen meiner Finger konnte ich schließlich keine Kohle mehr abtragen und wurde deshalb in die Näherei versetzt. Es begann furchtbar. Eine Frau begrüßte mich gleich. Sie wurde Eva genannt und war schon seit 20 Jahren in der Näherei. Sie war ganz schmächtig, doch auch bösartig.
„In der Näherei herrschen andere Sitten. Wenn ihr mir nicht gehorcht, werdet ihr das zu spüren bekommen!"
Wir mussten Bettwäsche nähen, keine Naht durfte schief sein und das war sehr schwer. Viele Frauen mussten weinen, auch ich, aber ich sprach mir immer wieder Hoffnung zu. Ich hörte, dass eine Insassin einer Arrestzelle in einem Sarg rausgetragen wurde. Dies schreckte mich und die anderen natürlich ab, doch das war der Sinn des Ganzen. Ich wünschte mir, dass die Zeit besser würde und träumte von einer anderen Zeit.

Ich dachte immer wieder an meine kleinen Jungs, die auf mich warteten. René bei meiner Mutter und André im Heim. Meine Mutter erzählte mir, als ich im Gefängnis war, dass René mit neun Jahren André unbedingt im Heim in Ebeleben besuchen wollte. Renés Großvater hätte ihn gerne zum Bahnhof begleitet, doch er war krank. Somit hat René sich heimlich auf eigene Faust zum Bahnhof geschlichen. Dort wurde er von den Bahnbeamten mitgenommen, die ihn kannten, weil mein Mann damals, als er noch lebte, bei der Bahn gearbeitet hatte. Mit der Bahn ist er letztendlich bis nach Nordhausen gekommen. Von dort hat er sich durchgefragt und ist per Anhalter schließlich nach Ebeleben gelangt. Unfassbar, dass Neunjährige schon so weit kommen und sich schon so gut durchfragen können und sich das überhaupt trauen. Doch René war noch nie auf den Mund gefallen und ein sehr cleverer Junge. Er wusste sich zu helfen. Doch ich erfuhr auch, dass René in der Otto-Grotewohl-Schule beschimpft und beleidigt wurde, weil sich herumgesprochen hatte, dass ich im Gefängnis saß. Er wurde geschubst, mit Steinen und Dreck beworfen … es war schrecklich, nichts dagegen tun zu können.

Eines Nachmittags wurde ich von der Arbeit in der Näherei abgeholt. Ich wusste nicht, wohin es ging. Mir wurde mitgeteilt, dass ich wieder in die DDR entlassen würde. Dort sollte ich in einem sozialistischen Lederwarenwerk als Erziehungsmaßnahme ein Jahr lang arbeiten. Dies lehnte ich ab. Ich wollte nicht in die DDR. Ich erfuhr, dass ich gegen eine DDR-Agentin, die im Westen spioniert hatte, ausgetauscht werden sollte. Daraufhin wollte ich mich mit den DDR-Behörden in Verbindung setzen, doch dieses wurde auch abgelehnt. Meine Kinder sollten weiter in der DDR aufwachsen.
Im Prinzip war ich also schon freigekauft. Ich wurde aber dennoch weiterhin in der DDR gequält.

Freilassung und Zwangsarbeit

Im März 1983 erfolgte der lang ersehnte Tag der Freilassung. In Zusammenarbeit mit DDR-Anwalt Vogel wurde ich von der Bundesregierung freigekauft. Dabei war vorgesehen, dass ich zusammen mit meinen Kindern in die Bundesrepublik *abgeschoben* werden sollte. Meine DDR-Staatsbürgerschaft hatte ich ohnehin schon während meines Gefängnisaufenthaltes in Hoheneck verloren. Dieser Freikauf erfolgte im Rahmen eines *Tauschgeschäftes* mit einer DDR-Agentin, die im Westen spioniert hatte.

Unmittelbar vor meiner Entlassung kam es zu einem Treffen mit einem Oberst Fähnrich. Dieser teilte mir lapidar mit, dass ich sofort ausreisen könne. Meine Kinder sollten dann nachträglich in die BRD kommen. Dies verstieß ganz eindeutig gegen die Abmachungen. Ich lehnte dankend ab. Allein wollte ich nicht in den Westen abgeschoben werden. Ich hatte Angst, meine Kinder für immer zu verlieren.

In Hoheneck musste ich mich noch einer ärztlichen Untersuchung unterziehen. Die Ärztin, selbst eine Gefangene, war völlig aufgelöst, als sie von meinem Schicksal erfuhr und dass ich in der DDR bleiben wollte: „Um Gottes willen", war ihre erste Reaktion!

Von meiner Heimatstadt Heiligenstadt lag eine permanente Aufenthaltsbeschränkung vor, sodass ich nach Nordhausen delegiert werden musste. Nur unter diesen Voraussetzungen durften meine Kinder zunächst bei mir bleiben. Sie holten mich zusammen mit meiner Mutter von Hoheneck ab, wo ich sie alle in die Arme schließen konnte. Was für ein unbeschreibliches Gefühl! Einerseits Glück und Zufriedenheit, aber auf der anderen Seite Wut und Enttäuschung über die DDR-Behörden, die sich nicht an die Vereinbarung mit der Bundesregierung hielten.

René blieb zunächst bei meiner Mutter, um ihr einen gewissen Halt zu geben; denn mein Vater lag im Sterben. Die Aufregungen der letzten Jahre hatten ihm doch spürbar zugesetzt. Zwei Monate nach meiner Entlassung im März 1983 starb er.
Seit meiner Verurteilung hatte man mir verboten, in den Kreis Heiligenstadt zurückzukehren. Als ich zur Beerdigung meines Vaters nach Heiligenstadt fahren wollte, hat mich die Stasi aufgegriffen. Ich musste für dieses *Vergehen* 500 Mark Strafe zahlen! Es war offenbar kein Zufall, dass ich in Heiligenstadt erwischt wurde. Aus Stasiakten weiß ich inzwischen, dass ich seit 1981 rund um die Uhr observiert worden war. Man setzte überall informelle Mitarbeiter (IMs) ein, um meinen Wohn-, Arbeits- und Freizeitbereich auszuspähen.

Über ein Jahr musste ich unmittelbar nach meinem Gefängnisaufenthalt als Zwangsarbeiterin – *als Erziehungsmaßnahme* – im *VEB Lederwarenwerk* in Nordhausen arbeiten. Dabei war ich auch mit *normalen* DDR-Arbeitern unter gleichen Bedingungen zusammen. Der Fairness halber muss gesagt werden, dass ich in diesem Werk einigermaßen korrekt behandelt wurde.
Jeden Morgen gab es die Meldepflicht, verbunden mit entsprechenden Zählappellen. Das Zuschneiden der Lederwaren fiel mir sehr schwer, weil es für mich eine völlig ungewohnte Arbeit war. Ich funktionierte nur noch.

Jeden Tag wollte ich zusammen mit meinen Kindern die Flucht nach vorne antreten. Zum Glück war ich nicht alleine, hatte noch Kontakte zu ehemaligen Mitarbeitern meines Mannes bei der Reichsbahn. Von denen wusste ich, dass ich mich auf sie verlassen konnte, denn sie waren systemkritisch eingestellt. Bei einem konspirativen Treffen wurde ein Fluchtplan entworfen. Ich wollte unbedingt in die *Ständige Vertretung der Bundesrepublik* in Ost-Berlin flüchten. Aber wie sollte das ohne fremde Hilfe funktionieren, zumal ich jeden Tag von der Stasi überwacht wurde?

Drei Monate lang hatte ich alles vorbereitet, in ständiger Angst, dass alles auffliegen könnte. Mein Fluchtplan musste so stimmig sein, dass ich zusammen mit meinen Kindern Nordhausen früh am Morgen verlassen konnte, denn jeden Tag um elf Uhr bestand für mich eine Meldepflicht beim Rat des Kreises oder im Betrieb (strengste Auflage in meinem Ausweis PM 12). Aber wie sollte alles koordiniert werden, zumal mein Sohn René sich noch bei meiner Mutter in Heiligenstadt aufhielt?

Als der Tag X im Juni 1984 gekommen war, gab meine Mutter in Heiligenstadt René in die Obhut eines Bahnkollegen. Gemeinsam fuhren sie am Abend nach Nordhausen. Zusammen mit meinem jüngeren Sohn André holte ich sie am Bahnhof ab. Zu Hause angekommen musste noch eine perfekte Tarnung her. Über Nacht färbte ich meine Haare dunkel.

Bereits um fünf Uhr morgens fuhren wir mit dem ersten Zug nach Berlin los. Bis Wernigerode blieb ich mit meinen Kindern in der Zugtoilette versteckt, in ständiger Angst erwischt zu werden. Hinter Wernigerode wagte ich mich mit meinen Kindern ins Zugabteil. Der Schaffner, ein guter Freund von meinem Bekannten in Nordhausen, war informiert, aber die Angst fuhr mit, denn der Schaffner hätte ja auch ein Verräter sein können.

Die Fahrt nach Berlin schien endlos. Endlich Bahnhof Alexanderplatz, dann nur noch Richtung Ständige Vertretung. Wie kam man dahin? Mein Fluchtplan war nicht optimal, ich wusste nicht weiter. Da nahm ich allen Mut zusammen und sprach einfach eine ältere Dame an, die mir seriös erschien. Bereitwillig gab sie mir Auskunft und in wenigen Minuten waren wir in der Nähe der Ständigen Vertretung angekommen, wo ein Journalistenaufgebot uns empfing. Wie sich später herausstellte, waren bereits 40 DDR-Bürger in die oberen Räume der Botschaft geflüchtet. Wir hielten uns in Reichweite des westdeutschen Kamerateams auf, sodass Stasi-Mitarbeiter uns nicht heimlich wegbringen konnten. Dann nur noch einen Sprung und wir befanden uns im Eingangsbereich der Ständigen Vertretung, wo wir von Herrn Rehlinger empfangen wurden.

Eine Nacht mussten wir ohne Matratzen im Eingangsbereich mit anderen Republik-Verdrossenen verbringen. Am nächsten Tag war das Gebäude der Ständigen Vertretung dann völlig von DDR-Organen abgeriegelt. Meine Kinder und ich hatten es in letzter Minute geschafft.

Die nächsten drei Tage waren voller Ungewissheit. Wir mussten weiterhin im Eingangsbereich ausharren. Erst dann bekamen wir die frohe Botschaft zu hören, dass wir ausreisen durften. Rechtsanwalt Vogel auf DDR-Seite und Außenminister Genscher hatten diesen Deal eingefädelt. Ein Ende der Odyssee war in Sicht! Ich bekam mit meinen Kindern freies Geleit, in die DDR nach Nordhausen zurückzukehren.

Beim Rat des Kreises musste ich mit den Kindern noch fünf Stunden ohne Essen und Trinken verbringen. Dabei gab man mir einige Prophezeiungen auf den Weg: „Du wirst bestimmt drüben mit den Kindern untergehen", und: „Du wirst die Sonne putzen." Aber das war noch nicht alles. Von Nordhausen aus gab es noch einen Abstecher nach Erfurt. Dort wurde kontrolliert, ob ich Schulden hätte. Das war reine Schikane; denn ich wurde mal wieder von meinen Kindern getrennt.

Dann war es so weit, die Grenzanlagen in Sichtweite! Noch einmal ein beklemmendes Gefühl! Endlich erreichten wir das Ziel unserer Sehnsucht. Wenig später trafen wir im Lager Friedland ein. Nach zwei Tagen Aufenthalt im Lager Friedland ging es weiter ins Notaufnahmelager nach Gießen, wo wir rund vier Wochen verweilten.

In der Sendung *Passiert – Notiert* vom Hessischen Rundfunk interviewte mich Ulrike Holler. Über meine Erlebnisse in der DDR war sie entsetzt. Die Filmaufnahmen mit Ulrike Holler wurden am Bahnhof in Gießen gedreht. Wie kleine Filmstars bewegten sich René und André vor der Kamera und mussten Rede und Antwort stehen. Die HR-Sendung führte auch dazu, dass *Stern* und *Spiegel* auf uns aufmerksam wurden und ein Wettlauf begann. Noch kurz vor Mitternacht klopfte ein Stern-Journalist bei mir im Lager an und bat um ein Interview. Ich war darüber gar nicht so sehr begeistert, denn ich wusste: Stasi-Mitarbeiter waren auch im Westen aktiv. Meine Ängste waren noch entsprechend groß. Nachdem man mich vonseiten der Lagerleitung beruhigt hatte, kam es zu dem besagten Interview mit dem Stern-Reporter Peters. Am nächsten Tag stand ein Spiegel-Reporter vor der Tür … So hatte ich mir den Start in die Bundesrepublik nicht vorgestellt. Ich wurde mit meinen Kindern überall rumgereicht.

Anschließend fanden wir eine Bleibe in der Nähe meines Bruders in Bielefeld. Kurz vorher hatte er uns in Gießen zum Verwandtentreff nach vielen Jahren Trennung begrüßen können. Auch in Bielefeld ging das *Begrüßungszeremoniell* weiter. Die *Bielefelder Westfälische* und das *Westfalenblatt* wurden auf uns aufmerksam. Ich stand im Mittelpunkt der Öffentlichkeit. Dabei war die spektakuläre Flucht in die Ständige Vertretung der Aufhänger. Natürlich kam auch meine DDR-Vergangenheit zur Sprache. Die Anteilnahme war zuerst sehr groß. Vor allen Dingen das Schicksal meiner beiden Kinder rührte die Leserschaft. Die Kinder wurden von einigen Firmen neu eingekleidet, bekamen Präsente. Wir fühlten uns wie im Schlaraffenland. Privatleute engagierten sich. Von der westlichen *Ellenbogengesellschaft* war zunächst nichts zu spüren. Der westliche *Konsum-Wohlstand* hatte uns völlig überrollt. Aber wie sollte es weitergehen? Ich hatte noch die östlichen Prophezeiungen im Kopf und blieb trotz allem einigermaßen cool.

Bald holte uns der graue Alltag ein. Naturgemäß nahm das Interesse an uns ab. Das Westfalenblatt vergaß uns aber nicht. In unregelmäßigen Abständen gab es Interviews und Reportagen über unseren Werdegang. Lobenswert ist dabei der Redakteur Althoff zu nennen, der uns sehr unterstützt hat.
Beruflich hatte ich es wesentlich schwerer. Alleinerziehend, Flüchtling mit zwei kleinen Kindern, wobei mein Jüngster außerdem noch kränkelte … Um finanziell über die Runden zu kommen, musste ich jede Arbeit annehmen. Ich war Mädchen

Mit Andre´ 1985

für alles. Von der Säuglingsschwester, Altenpflegerin, Hausmeisterin, Kellnerin, Putzfrau bis zur Hausfrau und Mutter reichte mein Repertoire. Dabei wurde ich wie im Osten ausgebeutet, vor allen Dingen als bekannt wurde, dass ich aus der DDR kam: „Die im Osten haben nie das Arbeiten gelernt." – „Die in der Ostzone bewegen sich nicht." – „Während der Arbeit gehen die Ostler zum Friseur." – „Sie sollten doch über jede Arbeit froh sein." Ein Studium in Bielefeld oder gar den Besuch einer Schauspielschule in Düsseldorf konnte ich vergessen.

Trotz dieser miesen Ausgangslage kämpfte ich mich durch. So hatte ich gleichzeitig mehrere Jobs. Mein Arbeitstag begann um sechs Uhr morgens und endete häufig erst um Mitternacht. Ich war sparsam, genügsam und im Grunde genommen nur für meine Kinder da. An Ausgehen, Kino, Theater war nicht zu denken.

Mit Andre´ im Bielefelder Zoo

Nach der Wende änderte sich auch im Westen mein Leben. Nun konnte ich wieder in die Ex-DDR reisen. In Gera traf ich meine Cousine nach langer Zeit wieder. Ihr Bruder war inzwischen nach Schweden gegangen und ließ einen Sportwagen zurück. Da meine Cousine mit dem Sportwagen nichts anfangen konnte, bot sie mir den Wagen an. Meine *Sportwagenzeit* in Bielefeld mit vielen Höhen und Tiefen begann. Auf der einen Seite die rasante Sportwagenfahrerin, die auf der Autobahn ihren Traum von individueller Freiheit so richtig verwirklichen wollte, auf der anderen Seite die Neidkultur, mit der ich nun ständig konfrontiert wurde. Wie kann ein Flüchtling aus der DDR sich innerhalb kurzer Zeit so etwas leisten? Die wildesten Gerüchte machten die Runde; denn so etwas konnte doch wohl nicht mit rechten Dingen zugehen. Einige Leute brachten mich mit dem Rotlichtmilieu in Verbindung. Da wurde kolportiert, dass ich in einem Bordell Gardinen gewaschen hätte, was man als Anfang einer *Rotlichtkarriere* interpretierte. Hinterher stellte sich das Ganze als *Verwechselung* heraus. Aus heutiger Sicht kann man sicherlich einiges als *Anekdoten* abtun, aber damals war mir nicht zum Lachen zumute. Vieles erinnerte mich an DDR-Erlebnisse. Denunzianten gab es überall, dafür brauchte man keine Stasi. Andere *gut informierte Kreise* sprachen von einer *dicken Abfindung*. Selbst die Sozialbehörden wurden hellhörig und wollten wissen, wann ich die 500.000 DM bekommen hätte – auf diese Summe hatten sich die Gerüchte inzwischen hochgeschraubt. Auch die eigene Verwandtschaft bewegte sich: Ich sollte doch mindestens 100.000 DM abgeben, um der *armen Verwandtschaft* unter die Arme zu greifen. Mehr als skandalös ist es, dass die westfälischen Sozialbehörden auf diesen Zug aufsprangen, um von mir Sozialleistungen zurückzufordern. Das Wohngeld wurde mir sofort gestrichen. Als ich dagegen vorging, meinte ein Mitarbeiter vom Bielefelder Sozialamt nur sarkastisch, ich könne doch bei meinem Aussehen im Puff arbeiten. Das sollte wohl als ein Kompliment gedacht sein, aber darauf hätte ich gerne verzichtet.

Dann begann ein längerer Kampf um die Sozialleistungen, die man mir vorenthalten hatte. Dieser endete naturgemäß vor Gericht. Erst nach zwei Jahren hatte mein Rechtsanwalt Erfolg und ich bekam mein Wohngeld wieder.

Zwischenzeitlich engagierte ich mich in der Sozialpolitik bei der CDU, auch um auf mein Schicksal aufmerksam zu machen. Bald merkte ich, dass ich dort eher als Einzelkämpferin auftrat und meine DDR-Biografie mir zum Nachteil gereichte. Insbesondere der damalige Vorsitzende der CDU in Bielefeld tat sich als arroganter und dominanter Despot hervor. Als ich als CDU-Mitglied mit meinem Wohngeldanliegen um eine *Audienz* bat, wurde ich von seinem Büro mit der Bemerkung abgewiesen, da könne man nichts machen. Außerdem sollten alle in die ehemalige DDR zurückgehen, wo sie hergekommen seien. Das war dann das Ende meiner *Karriere* bei der CDU.

Aberkennung als politischer Häftling

Zu einer großen Zäsur kam es im Jahre 2000. Bis dahin war ich als politischer Häftling anerkannt. Ich besaß die 10.4-HHG-Bescheinigung nach dem Häftlingshilfegesetz und hatte Anspruch auf eine Opferrente. Diese Rente war sicherlich nur eine kleine Entschädigung, denn streng genommen kann man Folterungen, Schläge und Isolationshaft nicht mit Geld ausgleichen.

Dann der Schock: *Wie mir mitgeteilt wurde ...* So begann das Schreiben der Stadt Bielefeld vom 13.11.2000. Im besten Denunziantendeutsch hieß es weiter, dass ich gegen die damaligen DDR-Gesetze verstoßen hätte. Mein Status als politischer Häftling könne nicht mehr aufrechterhalten werden.

Das Schreiben der Stadt Bielefeld im Wortlaut:

Wie mir kürzlich bekannt wurde, lag ihrem Gewahrsam von August 1981 bis März 1983 kein politischer, sondern ein krimineller Sachverhalt zugrunde. Sie wurden vom Kreisgericht Heiligenstadt am 19.03.1982 nicht wegen Mitwisserschaft und Nichtanzeigen eines ungesetzlichen Grenzübertritts verurteilt. Vielmehr erfolgte die Verurteilung, weil Sie hinsichtlich des Totschlags durch Ihren damaligen Bekannten Otmar Müller gegenüber der Volkspolizei falsch ausgesagt haben. Damit haben Sie die Strafverfolgung gegen Herrn Müller behindert und auf diese Weise Herrn Müller begünstigt. Des Weiteren wurden Sie verurteilt, weil Sie staatliche Organe dadurch herabgewürdigt haben, in dem Sie gegenüber Dritten wahrheitswidrig behauptet haben, bei den Vernehmungen durch die

Volkspolizei geschlagen worden zu sein. Dadurch, dass Sie diese falschen Behauptungen auch zum Gegenstand einer Anzeige gemacht haben, haben Sie den betreffenden Volkspolizisten falsch angeschuldigt. Weiterhin kommt mit dieser Verurteilung zum Tragen, dass Sie einen Angehörigen der Nationalen Volksarmee bedroht haben.

Wohl gemerkt, dieses Schreiben der Stadt Bielefeld stammt aus dem Jahre 2000 und nicht aus alten DDR-Archiven!

Was war damals geschehen? Als Lehrlingsausbilderin hatte ich es damals gewagt, einen Lehrling vor den Machenschaften der Stasi zu schützen. Er wurde 1982 als Mörder verurteilt, weil er einen Stasi-Offizier mit tödlichem Ausgang geschlagen hätte. Nach der Wende stellte sich heraus, dass dieser Offizier im betrunkenen Zustand bei dieser Rangelei mit dem Lehrling unglücklich auf einen Stein gefallen war. Dafür bekam mein Lehrling damals lebenslänglich. Ich musste einschließlich U-Haft und Zwangsarbeit drei Jahre ins Gefängnis. Drei Jahre Gefängnis für drei Tage Verstecken. Die bundesdeutschen Richter haben im Jahre 1997 fast wortwörtlich das alte DDR-Urteil aus dem Jahre 1982 übernommen, frei nach der Devise: *Was damals recht war, kann heute nicht Unrecht sein.*
Drei Jahre Gefängnis für drei Tage Verstecken! Allein diese Relation müsste heute jedem Richter sofort ins Auge springen, wenn er solch ein Urteil liest. Klar, es ist viel einfacher sich an *nackte Tatsachen* zu halten, als einmal zu recherchieren, wie zu DDR-Zeiten viele Leute dank Mitarbeit der Stasi kriminalisiert wurden.

KOPIE 000285

O.U. den 8.9.8[1]

Bericht!

8.9.81 gegen 19°° Uhr brachte ich mit meinen
Fahrzeug ▓▓▓▓▓ in die Heinrich-Rau-
straße 6. Während die Genossin in die Wohnung des
▓▓▓ gingen stellte ich mich auf den Parkplatz.
Um 20°° Uhr stieg ich aus dem Fahrzeug um mir
die Beine zu vertreten, dabei beobachtete ich
einige Frauen aus dem ersten Block der
Heinrich-Rau-Straße aus dem Fenster schauten;
weiterhin sah ich das die Gillich aus dem Block
innerhalb des Parkplatzes aus ihrem Balkonfenster
sah. Dabei äußerte sie: "jetzt gucken schon wieder
sie aus ihren Fenstern", womit sie ausdrücken
sollte das sie beobachtet wird.
Ich sah auch das sich in ihrer Wohnung noch
zwei Männer befanden.
Durch wiederholtes aus dem Fenster schauen wurde
ich auf die Gillich aufmerksam, und hörte wie
die Gillich sagt zu einem der Männer sagte: "guck mal
da unten steht schon wieder ein Fahrzeug mit
DT-Nummernschild.
Abschließend sprach sie mich direkt an und sagte:
Na mein Süßer, du bist der nächste der die Nacht
ermordet wird. Willst Du mal den Schraubenzieher

stoßen oder mit dem Turnschuh getreten werden.
Ich bin ja die Mörderin, einer muß es ja sein,
ich das nicht so verlieren ich bin garnicht so.
Daraufhin machte sie das Fenster zu.
Ich ging zur Heinrich-Rau-Straße ▓, Parterre ▓
wo ich eine junge Frau aus dem Fenster schauen
sah, die ich fragte: „Wer wohnt denn da oben im
Stock links, darauf antwortete mir die Frau,
es wäre die Gillich die mal bei uns im Eingang
gewohnt hat.
Ich ging dann ans Auto zurück und nach ungefähr
Minuten machte sie das Fenster wieder auf und
sagte zu einen der Männer: Wenn der die Macht
wirklich stirbt, dann war ihr wilder.
Darauf antworte ich: „sie sollte die Schnauze
halten und wenn sie was von mir wollte,
soll sie runter kommen.
Daraufhin machte sie das Fenster zu und gegen 20.15 Uhr kam ▓ und ▓
▓ und wir fuhren wieder auf den Richteberg,
Unterwegs berichtete ich ▓ gleich von
dem Vorfall.

▓
Fred Ber-
Bez Bernd
Oscar - ▓
Schumann - Oberleutnant

BStU 000286

Kreisdienststelle   006296   Heiligenstadt, 09.09.81
– Heiligenstadt –   schu-gr

A k t e n v e r m e r k

Der Genosse Bruno Bock, Mitarbeiter SED KL, im gleichen Haus
wie die Gillich wohnhaft, informierte über folgenden Sachverhalt:

Am 08.09.81 weilten bei der Frau Gillich zwei männliche Personen und haben dort in der Wohnung und auf dem Balkon un-
mögliche Szenen abgezogen. So fielen in größerer Lautstärke,
so daß es die umliegenden Bewohner alles mitbekommen sollten,
solche Äußerungen wie:

– "Gib mal den Schraubenzieher her, ich will Dich erwürgen."

– "Paßt gut auf, wenn Ihr an dem Friedhof dort vorbeifahrt!"

Der Gen. Bock gab zu verstehen, daß diese Äußerungen und Handlungen sich auf das Tötungsverbrechen des ▆▆▆. der GT be-
ziehen. Dieses Szenenspiel zog sich über einen längeren Zeit-
raum hinaus und erweckte das Aufsehen vieler Bewohner dieser Gegend, die sich noch negativ über die Frau Gillich aus-
ließen. Die Personen, die bei der Frau Gillich die Szenen ab-
zogen, beschrieb er als schlanke, blonde Personen im Alter
von ca. 22– 25 Jahren. Die Personen waren mit einem ▆▆▆▆
polizeiliches Kennzeichen: ▆▆▆▆▆▆ angereist. Der ▆▆▆▆▆
ist ▆▆▆▆ gespritzt und mit dunkler Farbe gesprenkelt, di
Rückseite unterhalb des Kofferraumes ist mit einem ▆▆▆▆▆
▆▆▆▆▆ versehen. An der Seite trägt er die Aufschrift "▆▆
▆▆▆▆". Zum anderen erscheint dort häufig eine Person mit
einem "▆▆▆▆", Kennzeichen: ▆▆▆▆▆▆.

                              Operativer Mitarbeiter

                              Schubert
                              Oberleutnant

Bengelrode d. 19.1.2009

Hiermit erkläre ich Dieter Schwan
geb. 27.9.55 wohnhaft in 37308
Bengelrode Dorfstr. 15 das die
damals gemachten Anschuldigungen gegen Frau Heidetraud
Ziel nicht den Tatsachen ent-
sprechen.
Herr Gümpel wohnhaft Leinefelde
genaue Anschrift wird noch er-
mittelt.
Herr Gümpel und ich waren
des öffteren bei Frau Ziel, in
ihrer Wohnung in Heiligenstadt.
Ich weiss das Frau Ziel, durch
persöhnliche Gespräche, von
den MFS überwacht wurde und
verleugnungen und Lügen durch
das MFS in Umlauf gebracht
wurden.
Man wollte Frau Ziel mundtot
machen, und Sie verleugnen wo es
nur ging. Diese Campange ging
vom MDJ und MFS aus. MDI
Das kann ich bezeugen, bei Fragen
stehe ich zur Verfügung D. Schwan

Ich hatte über 30 Ausreiseanträge gestellt. Über Jahre wurde ich auf Schritt und Tritt von der Stasi verfolgt. Meine Stasiakte besteht aus über 5.000 Seiten. Dank *guter* Stasi-Mitarbeiter wurde mir auch unterstellt, dass ich zusätzlich eine potenzielle Mörderin sei. Schließlich hätte ich einen Stasi-Mitarbeiter mit einem Schraubenzieher bedroht, um ihn umzubringen. Als ich damals bemerkte, dass ich von einem Stasi-Mann observiert wurde, hatte ich nämlich die Flucht nach vorne angetreten, zumal sich noch zwei Bekannte in meiner Nähe befanden. Im Stasi-Bericht vom 08.09.1981 liest sich das im Wortlaut wie folgt: *Durch wiederholtes aus dem Fenster schauen wurde ich auf die Gillich (Zierl) aufmerksam und hörte, wie die Gillich zu einem der Männer sagte: „Guck mal, da unten steht schon wieder ein GT-Nummernschild." Anschließend sprach sie mich direkt an und sagte: „Na, mein Süßer, du bist der Nächste, der die Nacht ermordet wird. Willst du mit dem Schraubenzieher erstochen oder mit dem Turnschuh getreten werden? Ich bin ja die Mörderin, einer muss es ja sein. Sieh das nicht so verbissen, ich bin gar nicht so."* Einen Tag später konnte man aus dem Aktenvermerk der Kreisdienststelle Heiligenstadt vom 09.09.1981 über meine gemachten Äußerungen folgende Interpretation entnehmen: *„Gib mal den Schraubenzieher her, ich will dich ermorden."* Und: *„Passt gut auf, wenn Ihr an dem Friedhof dort vorbeifahrt."*
All das wurde mir auch von einem bundesdeutschen Gericht in Erfurt im Jahre 2009 zur Last gelegt, wobei diese Stasi-Recherchen herangezogen wurden. Es wäre auch für ein bundesdeutsches Gericht viel zu mühsam gewesen, alle 5.000 Stasi-Seiten in einem Rehabilitationsverfahren aufzurollen. Ja, auf die Stasi kann man sich auch heute noch verlassen, denn bun-

desdeutsche Gerichte haben scheinbar ein Gespür dafür, dass
Stasi-Berichte qualitativ wertvoll sind und der Wahrheit ent-
sprechen.
Und die Moral von der Geschicht: Genosse Bock ist nicht ermordet worden, aber greife niemals einen Vertreter der Staats-
macht mit ironischen oder sarkastischen Worten an, das wird
auch heute noch nicht so gerne gesehen.

Fazit

Was passiert mit einer Frau, die so eine Willenskraft entwickelt? Trotz aller Vorsicht ging alles schief! Die drei Jahre im Gefängnis waren die Hölle auf Erden. Folter, Isolationshaft, Schläge, Tritte und unterirdisch Kohle abtragen. Es war wie in einem Gulag! Man drohte mir meine Kinder wegzunehmen. Schlimm ist es, wenn man weiß, dass man unschuldig gesessen hat. Ich dachte immer, dass so etwas nicht sein kann.

Nach über 30 Jahren Überlebenskampf in Ost und West bin ich heute in der Lage, einen gewissen Schlussstrich zu ziehen, was meine DDR-Vergangenheit anbelangt, aber der Kampf um politische Anerkennung, auch im Sinne anderer Stasi-Opfer, muss auch heute noch weitergehen. Ich werde jedenfalls nicht aufgeben! Mein Buch soll erst der Anfang sein, die Öffentlichkeit wachzurütteln.

Abschließend noch ein Kommentar der Stadt Bielefeld zu meiner damaligen Verurteilung:

Vielmehr ist die damalige Verurteilung mit den wesentlichen Grundsätzen freiheitlich-demokratischer Verfassungen vereinbar, zumal die ihr zugrunde liegenden Strafvorschriften inhaltlich nach wie vor gelten und die angeordnete Rechtsfolge nicht in einem groben Missverhältnis zur Tat seht.

Schreiben an das Landesamt

14.08.2014

Landesamt für Soziales und Familie

98529 Suhl

Sehr geehrte Damen und Herren,

fast 25 Jahre nach dem Mauerfall müssen noch viele politische Häftlinge der DDR um ihre Anerkennung kämpfen.

Es hat den Anschein, dass es nicht ausreicht
- jahrelang von der Stasi verfolgt worden zu sein, als mein Bruder in den Westen geflohen war,
- mehrere Ausreiseanträge in den Westen gestellt zu haben (mit entsprechenden DDR-Sanktionen),
- von der Bundesregierung 1984 freigekauft worden zu sein, als ich in die Ständige Vertretung in Ostberlin mit meinen Kindern geflohen war,
- in den 80er- und 90er-Jahren als politisch Verfolgter anerkannt worden zu sein,
- von den Medien noch heute als Zeitzeugin eingeladen zu werden (ZDF, 17.Juni 2014)

Stattdessen hat es den Anschein, dass
- die damalige Bundesregierung wohl eine 'Kriminelle' freigekauft haben muss,

- die systematische Kriminalisierung durch die Stasi (Kindesmissbrauch, Herabwürdigung des Staates §§ 220 Abs.1, 228 StGB) mit entsprechendem Urteilsspruch(1982) auch bei der bundesdeutschen Justiz (1997) auf Zustimmung gestoßen ist; dabei ist es mehr als skandalös, dass insb. die Stadt Bielefeld den Stasi-Organen mehr Glauben schenkte,
- es rechtens ist, eine Frau zu über 3 Jahren Haft zu verurteilen, die einen Lehrling vor der Stasi schützen wollte.

Insgesamt ist es skandalös, wie hier der Begriff 'politisch' von der Justiz und den Behörden diskreditiert wird. Scheinbar hat hier seit Ende der 90er-Jahre ein 'Umdenkungsprozess' stattgefunden; denn wie konnte es sein, dass ich bis 2000 als 'politischer Häftling' anerkannt worden war. Wer hat wohl damals den Stein ins Rollen gebracht?

Dass ich in der DDR inhaftiert war, ist schon sehr schlimm gewesen, aber es war aus DDR-Sicht (Klassenfeind) logisch. Dass aber im heutigen Deutschland Justiz und Behörden es zulassen, mich zu kriminalisieren, ist nicht zu fassen. Wahrlich ein später Erfolg der DDR-Justiz, die zwischen 'politisch' und 'kriminell' keine großen Unterschiede machte. Im Zweifel waren alle politisch motivierten Handlungen nach DDR-Recht kriminell, wozu schon ein Ausreiseantrag gehörte. In diesem Sinn bin ich tatsächlich eine 'Kriminelle'. Ich habe keinen Menschen umgebracht, habe mich nicht am 'Volkseigentum' vergriffen, keine Schlägerei angezettelt, keine Kinder sexuell missbraucht. sondern 'nur' einen Lehrling schützen wollen. Dafür gab es über 3 Jahre Haft mit Folterungen und schweren körperlichen Misshandlungen. Noch heute leide ich gesundheitlich darunter (100 % Behinderung). Eine Opferrente wird mir vorenthalten. Anschließend gab es nach der Haft noch Zwangsarbeit in einem Lederwarenwerk in Nordhausen. Die Stasi hat ganze Arbeit geleistet und die bundesdeutschen Organe haben dabei mitgespielt. Ich werde weiterhin – auch im Sinne der übrigen Stasi-Opfer – für mein Recht kämpfen!

Mit freundlichem Gruß

Heidetraud Zierl

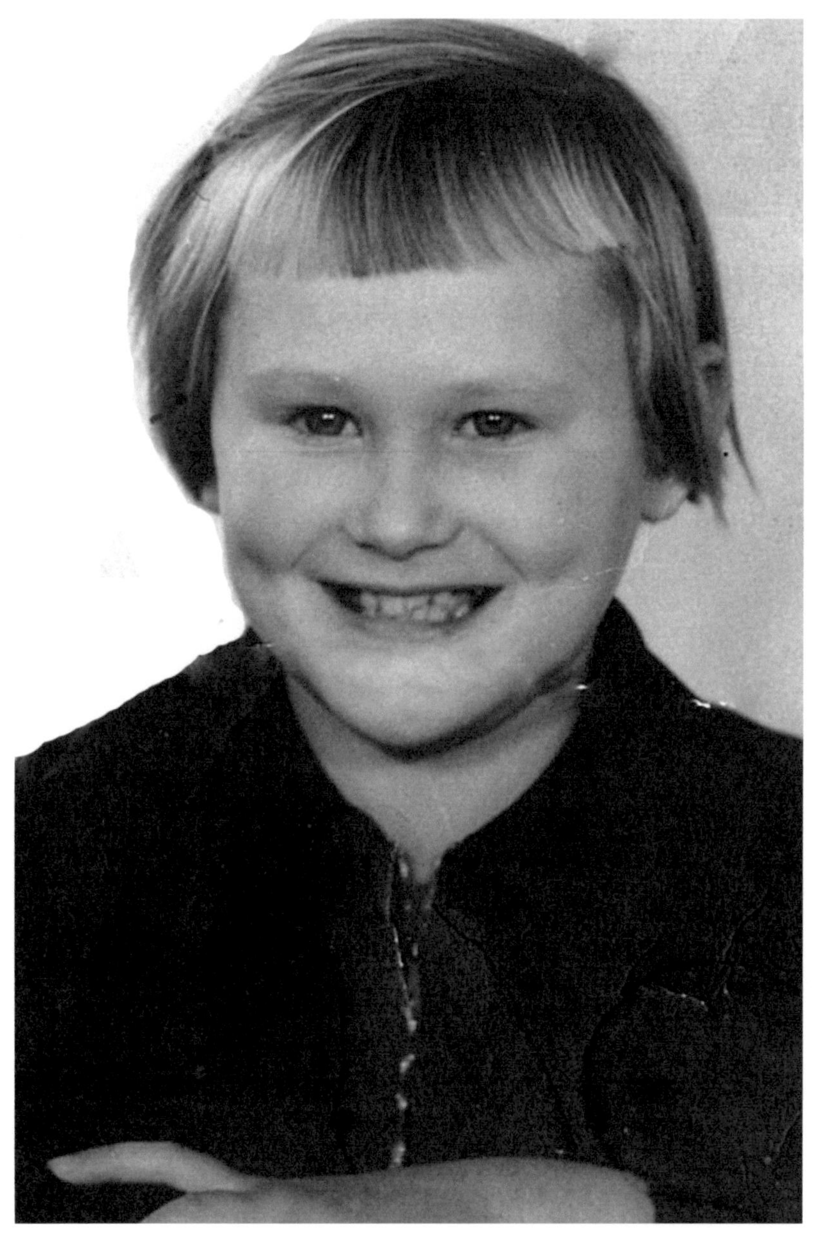

Klein Heidetraud mit zehn Jahren

Die Autorin

Heidetraud Zierl, 65, in Heiligenstadt/Thüringen aufgewachsen, besuchte zu DDR-Zeiten die Schauspielschule in Babelsberg. Sie spielte Theater und war auch an Filmprojekten wie *Polizeiruf 110* beteiligt. Später fiel sie in Ungnade, weil sie die mangelnde Freiheit in der DDR kritisierte.

Von der Stasi in die Enge getrieben, verbrachte sie drei schlimme Jahre in DDR-Gefängnissen. 1984 gelang ihr mit ihren beiden Kindern die Flucht in die *Ständige Vertretung der Bundesrepublik* in Ost-Berlin. Sie wurde von der damaligen Bundesregierung freigekauft und lebt seitdem im Westen Deutschlands. Sie setzt sich unter anderem für die Anerkennung politischer Gefangener und Stasi-Opfer ein.